MANIFESTE POUR LA LIBERTÉ DE VIEILLIR CHEZ SOI

SOUS LA DIRECTION DE
LAURENT PERMASSE

MANIFESTE POUR LA LIBERTÉ DE VIEILLIR CHEZ SOI

DESSINS DE XAVIER GORCE

le cherche midi

Vous pouvez consulter notre catalogue général
et l'annonce de nos prochaines parutions sur notre site:
www.cherche-midi.com

92, avenue de France
75013 Paris

Conception graphique: Mickaël Cunha
Dessins: © Xavier Gorce
Dépôt légal: septembre 2023
ISBN: 978-2-7491-7824-0

Maintenant que tu as pris le temps d'y réfléchir, la question est : tu veux faire quoi dans la vie ?

cachez ce vieux
que je ne saurais voir !

AVANT-PROPOS

Ce manifeste est né d'une première rencontre avec le monde de la gériatrie, à l'occasion d'un job d'étudiant dans un hôpital parisien; j'avais alors une passion pour la médecine d'urgence. Cette découverte a changé définitivement ma vie. J'ai vu des femmes et des hommes déracinés de leur chez-eux, sans réel avenir et désir de vivre. Un billet sans retour à la maison. Comment une société moderne pouvait-elle fermer les yeux sur cette réalité? Je n'ai finalement pas suivi d'études de médecine mais j'ai toujours eu à cœur, tout au long de ma carrière, d'apporter une contribution aux grands enjeux de notre société, avec le développement du Cesu et des services à la personne, des dispositifs de retraite collectifs… et désormais, au sein de Sofiap, en favorisant l'accession à la propriété dans un modèle innovant pour le plus grand nombre de Français. Avec les personnes qui ont contribué à ce manifeste, nous avons la vocation d'ouvrir le dialogue dans les familles, et aussi dans nos entreprises. Parlons-en avec nos parents, nos enfants, nos partenaires, etc.

On a tous une bonne raison de s'attacher à son chez-soi et de vouloir y rester. Chez certains, ce sont les souvenirs liés aux générations qui s'y sont succédé. Chez d'autres, le chant des oiseaux dans le jardin, les voisins ou les commerçants de proximité attentionnés... Vouloir rester à domicile, c'est exprimer son désir de conserver ses repères et ses habitudes. En cela, l'approche domiciliaire est avant tout un moyen de préserver les liens sociaux et de lutter contre l'isolement.

Aujourd'hui, les seniors veulent décider librement de leur lieu de vie. À tout âge. Car si, dans l'imaginaire collectif, le chemin entre la retraite et le départ en maison de retraite paraît bien court, la réalité est tout autre. Plusieurs décennies s'écoulent en principe entre la survenance des premières difficultés et l'éventualité d'un départ en établissement médicalisé. Et ce laps de temps devrait encore s'élargir avec la hausse de l'espérance de vie dans un contexte de vieillissement de la population française.

Spécialiste des questions liées au vieillissement, Luc Broussy a posé le décor dans son rapport *Nous vieillirons ensemble* (mai 2021), décrivant avec humour comment la vieille Europe sera surtout « l'Europe des vieux ». Et comment la France, en particulier, devra affronter son « Alpe d'Huez démographique » dès 2030, où un tiers de la population aura plus de 60 ans. De 2020 à 2030, la tranche des 75-84 ans va passer de 4,1 à 6,1 millions de personnes, puis les 85 ans et plus verront leur nombre augmenter de 58 % pendant la décennie suivante, jusqu'en 2040. Le vieillissement de la population française et son entrée dans la dépendance représentent donc un immense défi qu'il va falloir accompagner et financer. D'autant que les générations du baby-boom ont des envies et des besoins bien différents des générations précédentes. Aspirant à plus d'indépendance, elles voudront continuer à bénéficier chez elles du confort et du bien-être dont elles ont pu jouir toute leur vie, quels que soient les effets de l'âge ou de la perte d'autonomie.

Autant d'aspirations qui rencontrent aujourd'hui des limites parfois criantes sur le plan médical, géographique ou financier. Logements mal adaptés, services à domicile très disparates selon les territoires, aidants à bout de souffle, seniors perdus dans leurs démarches… le constat n'est pas toujours rose en matière de maintien à domicile. Un écosystème complet, tourné vers le logement, la mobilité et les capacités financières, doit être mis en place. La société tout entière doit s'adapter et renforcer la souplesse des dispositifs pour permettre à ces générations de rester chez elles, bien au-delà de l'accompagnement aujourd'hui focalisé sur les services et les soins.

Tournée vers la transition énergétique, la France semble en avoir oublié la question du vieillissement, sa « transition démographique ». Il est temps de faire du « bien vieillir à domicile » une grande cause nationale.

Jusque très récemment, les solutions proposées pour le maintien à domicile n'étaient pas en adéquation avec les attentes des seniors. Le scandale de la maltraitance dans certains établissements d'hébergement pour personnes âgées dépendantes (Ehpad) aura au moins permis de se pencher sur la question de la politique sociale en faveur des personnes vulnérables. Après des années d'atermoiements, le message semble enfin être entendu. Malgré le report permanent d'une loi sur le grand âge, les seniors ne sont pas démunis. Des solutions crédibles émergent pour leur offrir d'autres choix que l'Ehpad médicalisé. Sur tout le territoire, de nouvelles formes de solidarité apparaissent, poussées par des collectivités innovantes, des soignants ou acteurs des services sociaux dévoués à leurs métiers, ou encore des associations ou collectifs citoyens déterminés à faire bouger les lignes.

Notre ouvrage collectif n'est, ni un livre de sachants, ni un annuaire de solutions, et encore moins un ouvrage médical ou sur le handicap. Nous nous sommes appuyés sur des récits personnels recueillis auprès de particuliers ou de professionnels afin d'identifier les peurs et les tabous autour du vieillissement et d'illustrer les difficultés auxquelles les personnes ou leurs aidants sont confrontés. Honte et pudeur, peur de la solitude et de l'isolement, culpabilité morale de devenir une charge, un « travail » supplémentaire pour sa famille et ses proches, voire une charge financière pour ses enfants avec le risque d'obérer le patrimoine à transmettre...

Face à ces peurs, nous avons simplement voulu ouvrir des pistes en apportant des réponses pratiques. Car pour couler une retraite paisible chez soi, de nombreuses questions doivent être mises sur la table et anticipées. Quelles sont les conditions pour rester à la maison ? Comment financer les dépenses nécessaires au maintien à domicile face à la chute des revenus à la retraite ? Dois-je envisager un autre chez-moi ? Autant d'interrogations que nous avons tenté de défricher. Un ouvrage pratique à la croisée des chemins, entre besoins et solutions, afin d'apporter notre petite pierre sur le long chemin du virage domiciliaire.

À la croisée également du monde du travail, un actif sur quatre sera aidant en 2030, et plus de 20 % des travailleurs auront été obligés de s'absenter du travail pour s'occuper d'un proche. Le rôle de l'entreprise dans la prise en charge des aidants est, aujourd'hui comme demain, crucial. De plus en plus de salariés sont des aidants à temps partiel ou à temps plein avec un impact important sur leur santé, leur bien-être et leur performance professionnelle. Ils mettent leur carrière entre parenthèses. Seulement 2 % affirment être accompagnés par leur entreprise, et ils sont actuellement comme plus tard en première ligne pour sensibiliser, proposer, soutenir, vulgariser… et anticiper des situations qui peuvent devenir très complexes pour toute la famille.

Enfin, dans une approche pragmatique, nous avons voulu nous appuyer sur l'existant. 18 rapports dédiés au vieillissement et 372 propositions ont été formulées en 5 ans, entre 2019 et 2023. Nombre d'entre elles permettront d'améliorer les dispositifs actuels et de combler les trous. Mais actuellement, partout sur le territoire, de formidables acteurs font preuve d'initiative pour faire vivre le secteur du vieillissement. Au fil des rencontres avec nos témoins nous est apparu un paysage certes morcelé, mais surtout dynamique, créatif et profondément attachant par son humanité.

Laurent Permasse

SOMMAIRE

ILS ONT CONTRIBUÉ AU MANIFESTE

Mariella Berthéas. Reniant le pessimisme actuel, Mariella a dédié sa carrière au conseil aux jeunes créateurs d'entreprises et à la direction de fondations pour le mécénat (Jacques Douce, Kronenbourg, Sephora, 3 Suisses). Elle accompagne la ministre Christine Lagarde à partir de 2005 en tant que chargée de mission. Chevalier de la Légion d'honneur, elle défend aujourd'hui les arts et la culture au sein de la Fondation des Bernardins, où elle porte le titre d'ambassadrice.

POURQUOI CE LIVRE?

« Chacun de nous doit réfléchir à la manière dont il souhaite être accompagné en vieillissant. Dans une société trop matérialiste, notre livre offre des solutions pour réconcilier les générations en favorisant le dialogue autour d'un sujet encore tabou. »

Xavier Lépine. Observateur du monde et de ses mutations, ce financier musicien est aujourd'hui investi dans la problématique du logement et de son financement. Serial entrepreneur avec plus de 40 ans d'expérience dans l'investissement et la gestion d'actifs (Fortis, La Française des placements, Siparex, Kareg…), Xavier préside aujourd'hui Paris-Île-de-France capitale économique (PCE) ainsi que l'Institut de l'épargne immobilière et foncière (IEIF).

POURQUOI CE LIVRE?

« Financier dans l'âme, je suis fasciné par l'évolution de notre société, qui me laisse interrogatif. Face au vieillissement et ses problématiques, nous avons répondu par des dispositifs et des normes, juxtaposés dans une approche en silos. Comment faire le lien aujourd'hui entre ces normes et les réalités de la vie, comment mieux aider les familles et les aidants, y compris par des dispositifs financiers… Il est peu probable qu'un choc de simplification vienne trouver LA solution. Il faut donc accepter ces complexités multiples et les incohérences manifestes. Dans ce dédale de dispositifs, notre modeste contribution doit permettre d'accompagner, de guider et d'informer nos contemporains. »

Laurent Permasse. Son goût pour l'entrepreneuriat et l'innovation sociale l'a conduit à créer le ticket social, devenu aujourd'hui le Cesu préfinancé. Pendant plus de 20 ans au service d'un grande banque coopérative (BPCE, Natixis), il participe au grand défi de vulgariser les dispositifs d'épargne salariale et retraite avec les premiers fonds de placement socialement responsables (ISR). Aujourd'hui président du directoire de Sofiap, filiale de la Banque Postale et SNCF qui propose des solutions financières RSE auprès des employeurs pour favoriser l'accession à la propriété des salariés.

POURQUOI CE LIVRE?

« Je porte ce livre depuis plus de 35 ans, depuis ma découverte des conditions de vie au quotidien dans un service de gériatrie. Ces scènes ne m'ont jamais quitté, elles ont orienté ma vie et ma carrière. Depuis, j'ai toujours eu à cœur d'apporter une contribution aux grands enjeux de notre société avec le développement des services à la personne, des dispositifs d'épargne retraite collectifs et désormais l'accession à la propriété pour le plus grand nombre. Ce manifeste est aujourd'hui un appel à une prise de conscience et une mobilisation collective. »

Hugues Riant. Après une longue carrière dans les cabinets de conseil, la banque et la gestion privée (Merrill Lynch, La Française des placements, Convictions AM), Hugues est aujourd'hui conseiller en gestion de patrimoine indépendant au service de clients privés (3AO Patrimoine devenu Laplace). Il promeut notamment la solution patrimoniale du démembrement de propriété, qui permet aux propriétaires à la retraite de conserver les moyens de rester chez eux.

POURQUOI CE LIVRE?

« J'ai décidé de participer à ce manifeste, car je suis préoccupé par la difficulté de nos aînés à disposer de moyens appropriés pour bien vivre leur vieillesse. Notre rôle est de les aider, ainsi que leurs enfants, à trouver toutes les solutions disponibles pour leur permettre de rester chez eux le plus longtemps possible. Par ce manifeste, nous entendons les orienter vers les bons choix pour leur avenir. »

PARTIE 1

NE PAS RENONCER

Bien vieillir à domicile nécessite de trouver le juste équilibre entre prévention et préservation du libre arbitre, afin de pouvoir continuer à se projeter. Pourtant, l'apparition des premiers signes de fragilité est trop souvent synonyme de repli sur soi, jusqu'au renoncement.

Parmi les témoignages que nous avons recueillis pour cet ouvrage, la notion de freins installés autour des personnes âgées ou handicapées revient régulièrement. Trop souvent, ces personnes sont considérées en fonction de leur état de santé, leur niveau de dépendance ou leur besoin d'aide. Un basculement qui peut commencer dès le passage à la retraite, dans une société largement tournée vers la reconnaissance sociale par le travail. Les premiers signes de vulnérabilité s'accompagnent alors d'une souffrance morale, marquée par l'absence de projets, un sentiment d'inutilité, une dévalorisation de soi, voire une culpabilité d'être aidé, qui engendrent isolement, solitude et exclusion. D'autant que le miroir renvoyé par la société peut être particulièrement cruel. À l'image de cet autre témoin qui nous indique avoir reçu des remarques de sa gardienne, après être rentrée chez elle avec son mari, tout juste diagnostiqué de la maladie de Charcot. Motif : ses voisins lui avaient signalé que le fauteuil roulant qu'il venait de recevoir « gênait » le passage à son étage. Comme s'il fallait cacher la maladie et s'infliger alors une double peine.

Face à cette vision discriminante, les personnes fragiles ont souvent tendance à restreindre leur champ des possibles dans une logique d'autocensure pour ne pas « déranger ». Lorsqu'elles ne renoncent pas d'elles-mêmes, leurs proches peuvent agir pour leur imposer leur vue et les infantiliser, au nom de la prévention du danger. Et finissent souvent par ne plus s'assurer que de la routine quotidienne pour savoir si elles ont bien mangé ou pris leurs médicaments à la bonne heure. Pourtant, quels que soient son âge ou ses difficultés, toute personne doit pouvoir se projeter, s'engager et continuer à rêver.

Marguerite, 92 ans

« Le premier réflexe est de s'empêcher, par crainte de ne pas être à la hauteur. »

« Mes proches ont du mal à comprendre que l'envie ne soit plus toujours au rendez-vous. Il faut dire que j'ai 92 ans, mais on me dit souvent que j'en parais 10 de moins. Je vis dans un appartement parisien et je fais mes courses quasiment en toute autonomie. Mais même sans problèmes physiques particuliers, à un moment, on éprouve une sorte de désintérêt qu'il est difficile d'expliquer. Réaliser les gestes simples du quotidien devient pesant. Certains jours, tout va bien. Et puis le lendemain, rien ne va. Le simple fait d'être avec quelqu'un m'oblige à faire des choses que je ne souhaite pas forcément réaliser. Convier des gens à la maison, par exemple, me semble quasiment impossible. Je voudrais continuer à recevoir comme avant, mais immédiatement je pense à tout le travail que cela implique. Alors le premier réflexe est de s'empêcher, par peur de ne pas être à la hauteur. Même le fait de parler devient une pénitence. C'est difficile à raconter, car cette situation relève de l'intime. »

« Soudain, une nuit obscure où la chute survient brutalement, et tout bascule. De l'ambulance à l'hôpital, du service à la convalescence, de ce séjour à une maison de retraite. Tout est balayé, remplacé par le mobilier fonctionnel et les visiteurs professionnels. Ce tremblement de terre, cette invasion barbare, ce sac de sa Rome intime, survient dans une sorte d'indifférence de tous, quand ce n'est pas la fermeté de ceux qui se sentent un peu coupables. Peut-on avoir les mots pour décrire cette banale sauvagerie que vivent les personnes âgées, vulnérables ? »

Audrey Dufeu et Gilles Berrut,
***Le Vieillissement. À la croisée des projets*, éd. du Cerf, 2021.**

Sympa, ce dépliant touristique. Comment s'appelle cet hôtel où tu veux m'emmener ?
L'Ehpad des bleuets.

Ils répondent

Astrid Panosyan-Bouvet, députée, membre de la commission des Affaires sociales à l'Assemblée nationale, coauteure de la proposition de loi pour bâtir la société du bien vieillir en France

« Socialement, nous refusons de regarder le sujet du vieillissement. »

« Qu'avons-nous fait pour ne pas avoir encore pris à bras-le-corps le sujet du vieillissement d'un point de vue politique ? Bien avant le Covid, nous avons pourtant subi plusieurs chocs. À commencer par la canicule de 2003, qui a créé une surmortalité chez les seniors. La réponse est simple : on ne veut pas voir ce sujet socialement. Mais il existe une asymétrie de plus en plus forte entre ce collectif qui refuse de voir le problème et ce que chacun peut vivre individuellement, la plupart des familles françaises étant confrontées à ces difficultés pour entrer dans le processus d'aide d'une personne âgée. Actuellement, le bien vieillir repose essentiellement sur les aidants. On demande beaucoup aux aidants, qu'ils soient professionnels, au prétexte de la vocation à exercer ces métiers, ou familiaux, cette fois au nom de l'amour et du devoir, alors qu'ils doivent en général assumer à côté un travail, des activités ou des obligations familiales. »

REPÉRER LA SOLITUDE À DOMICILE

Pour lutter contre l'isolement, le repérage et le dépistage des fragilités sont une mission essentielle. Un rôle qui doit être confié aux collectivités locales. À la suite de la canicule de 2003, de nombreuses villes se sont dotées d'un registre des personnes à contacter en cas de fortes chaleurs, inscrites volontairement sur la liste. Depuis, le périmètre de ce dispositif a été étendu, notamment pendant la crise du Covid. Dans certaines villes, le registre canicule a même été renommé, comme à Nantes, où il est devenu le « registre communal d'alerte » en mai 2023. Il permet alors de contacter la personne pour la prévenir de toute situation exceptionnelle (canicule, mais aussi grand froid, coupure temporaire d'alimentation électrique, etc.), de se mettre en relation avec l'entourage, voire de se rendre sur place si la personne ne répond pas.

Le projet de loi « bien vieillir », en cours d'adoption, devrait enfin autoriser les maires à partager les données qu'ils recueillent sur les personnes âgées avec les établissements et services à domicile. À l'inverse, les coordonnées des bénéficiaires des aides et prestations sociales seraient transmises aux communes afin de les inscrire sur le registre. Toutes les personnes à domicile présentant des fragilités pourraient ainsi être recensées.

Outre les collectivités locales, le réseau de La Poste propose sur tout le territoire le service « Veiller sur mes parents », qui intègre une visite hebdomadaire du facteur. Ses comptes rendus sont ensuite consultables sur une appli ou sur son espace client du site laposte.fr et il peut donner l'alerte en cas d'urgence. Ce service national permet également de lutter contre l'isolement. La Poste propose également son offre de services du quotidien à la maison (Axeo Services) ou encore le portage de repas à domicile, distribués par le facteur lors de sa tournée, dans certains territoires.

UN OUTIL POUR REPÉRER LES FRAGILITÉS

Développé par l'Organisation mondiale de la santé (OMS), l'outil Icope (Integrated Care for Older People) est destiné au repérage de la perte d'autonomie des personnes de plus de 60 ans. Il a pour but de retarder la dépendance en décelant précocement les facteurs de fragilité. À partir de tests ludiques, une évaluation des six fonctions essentielles (mobilité, mémoire, nutrition, humeur, vue, audition) est réalisée soit par un professionnel (infirmier, kiné, etc.), soit par la personne elle-même, grâce à l'application mobile Icope Monitor. Toute fragilité repérée entraîne une évaluation et la mise en place d'un suivi personnalisé. Expérimenté à Toulouse puis en région Occitanie depuis 2020, Icope doit être généralisé en 2025.

GARDER LE CONTACT AVEC LA TÉLÉASSISTANCE

Longtemps vue comme une solution gadget, la téléassistance est aujourd'hui reconsidérée. Le plan antichute, dévoilé par le gouvernement en 2022, fait de son accès une priorité. Pour faciliter le bien vieillir à domicile, le texte envisage de réduire le reste à charge des services de téléassistance pour ses utilisateurs. Une étude doit encore être engagée pour comprendre l'articulation entre téléassistance et prévention des chutes des personnes âgées, et mettre en lumière les aides techniques les plus efficaces.

L'équipement de base comprend actuellement un bouton d'appel porté au poignet ou au cou, permettant la mise en relation avec une centrale d'écoute que la personne peut solliciter 24 heures sur 24. Désormais, de nombreuses offres incluent un détecteur de chute capable de donner l'alerte sans déclenchement manuel. D'autres équipements plus sophistiqués intègrent des capteurs mis en place dans la salle de bains ou la cuisine, permettant d'alerter dès qu'une situation inhabituelle se produit, notamment en l'absence de passage.

Même s'il n'est pas toujours facile de convaincre une personne en perte d'autonomie de s'équiper, la téléassistance est aujourd'hui un outil indispensable du virage domiciliaire, pour un budget mensuel limité (20 à 40 € par mois en moyenne).

Ils répondent

Marc Dupont,
vice-président de l'Union nationale de l'aide, des soins et des services aux domiciles (UNA*)

« Le problème, c'est l'invisibilité des personnes à domicile. »

« Jusque-là, le domicile était simplement vu comme un moyen de réaliser des économies par rapport au placement en établissement. Désormais, le sujet du domicile n'est plus accessoire, mais au cœur du débat politique de l'autonomie et du vieillissement. Le Covid a fait bouger les lignes. On a alors vu que les services à domicile ont tenu et sont venus en soutien des Ehpad.

Mais le problème reste l'invisibilité des personnes à domicile. Sachant que 80 % des gens qui perçoivent l'aide personnalisée à l'autonomie sont chez eux. Ce n'est pas évident, car la personne fragile ne va pas donner l'alerte d'elle-même. Elle doit être repérée par un proche, un voisin ou son médecin. Il faut donc franchir deux étapes: le déclenchement de l'alerte, puis l'évaluation de la personne sur la grille Aggir (autonomie, gérontologie, groupes iso-ressources) pour percevoir une aide financière. Nous constatons une méconnaissance des dispositifs, et certaines personnes ne réclament pas leurs droits.

Le problème, c'est l'absence de politique de prévention et de repérage des fragilités. Il existe des programmes de repérage dans certaines régions qui peuvent s'appuyer sur des applications mobiles avec des informations remontées par les professions médicales. S'appuyer sur les registres canicule est une bonne idée. Mais ce n'est pas suffisant, car une personne isolée n'est pas nécessairement en difficulté ou ne va pas le signaler. La première étape passerait donc par la sensibilisation des mairies, afin que les personnes en difficulté viennent s'inscrire dans leur centre communal. Nous réclamons le développement général de la prévention. »

* Fédération regroupant 800 structures de prestations à domicile.

COMBATTRE L'ISOLEMENT SOCIAL

Face au délitement des liens sociaux, la peur de la solitude est très présente chez les personnes âgées, qui craignent que leurs proches leur rendent de moins en moins visite ou qu'il leur arrive quelque chose lorsqu'elles se trouvent seules. L'avancée en âge et la perte d'autonomie favorisent l'isolement social. Le Conseil économique social et environnemental définit cette notion comme « la situation dans laquelle se trouve la personne qui, du fait de relations durablement insuffisantes dans leur nombre ou leur qualité, est en situation de souffrance et de danger ».

S'il peut exister à tous les âges de la vie, l'isolement social augmente avec le vieillissement, notamment avec l'apparition des premières difficultés liées à la perte d'autonomie et de mobilité. La solitude subie engendre alors des réactions de repli sur soi et de perte de l'estime de soi. Il s'agit donc d'un véritable enjeu de cohésion sociale.

Dans son baromètre « Solitude et isolement quand on a plus de 60 ans en France », l'association Petits Frères des Pauvres va plus loin en évoquant la notion de « mort sociale », définie par le fait de n'avoir aucun ou quasiment aucun contact avec les différents cercles de sociabilité (famille, amis, voisinage et associations). Dans la deuxième édition de ce baromètre (septembre 2021), l'association caritative indique que 530 000 personnes âgées sont en situation de mort sociale en France en 2021 (contre 300 000 en 2017). Alors que le lien entre générations constitue le premier rempart contre l'isolement, 1,3 million de personnes âgées ne voient jamais ou presque jamais leur famille proche, selon l'étude. Quant aux relations amicales, 3,9 millions de personnes âgées n'en ont pas ou quasiment pas, soit plus d'une personne sur cinq de 6 ans et plus. Les Petits Frères des Pauvres alertent sur l'urgence à lutter contre ce fléau, préconisant notamment d'inclure le critère de l'isolement relationnel dans l'évaluation de la perte d'autonomie, ou encore de produire des données officielles régulières sur la solitude et l'isolement de la population française.

Une urgence face à laquelle les pouvoirs publics ont tenté de répondre dès 2014 avec la Mobilisation nationale de lutte contre l'isolement des âgés (Monalisa). Ce dispositif de solidarité couvre aujourd'hui deux tiers des départements et passe par le déploiement sur le territoire d'équipes bénévoles de proximité chargées de créer du lien social avec les personnes âgées. Autre initiative plus récente : le lancement, en 2021, du service civique solidarité seniors, qui permet aux seniors de se faire accompagner par un jeune de 16 à 25 ans pour une sortie culturelle, une balade, pour obtenir un coup de main dans les tâches administratives et numériques, mais aussi pour le bricolage ou le jardinage.

Pour inciter les seniors à sortir de chez eux, l'Observatoire national de l'action sociale et la Caisse nationale de solidarité pour l'autonomie ont également lancé, fin 2022, un appel national à contributions pour identifier des initiatives permettant de lutter contre l'isolement. Quinze projets ont été présélectionnés parmi trois thématiques : le repérage des personnes âgées isolées, leur réappropriation de l'espace public et la participation sociale et citoyenne. L'objectif : mettre en place des démarches les encourageant à ne pas être seulement participantes, mais actrices. Parmi les initiatives retenues figurent des projets aussi divers qu'une plate-forme téléphonique de signalement de l'isolement (départements 79 et 86), un dispositif mobile de repérage via l'aide aux petits travaux d'entretien au sein des logements (Bricobus seniors, en région parisienne), une démarche de pratique culturelle à destination de résidents d'Ehpad atteints de troubles neurodégénératifs (association Les Rendez-vous lecture et écriture, dans le département 64), ou encore un lieu itinérant de convivialité et d'information (Fraternibus du Secours catholique, partout en France).

L'ÂGISME, UN FLÉAU MONDIAL

En septembre 2016, l'OMS prenait position pour lutter contre le fléau de l'âgisme, à savoir les attitudes négatives, voire la discrimination, à l'égard du vieillissement et des personnes âgées. L'âgisme, explique l'institution genevoise, peut prendre de nombreuses formes, « notamment lorsque les médias présentent les personnes âgées comme fragiles, dépendantes et dépassées ». Pour l'OMS, cette pratique extrêmement courante a des conséquences majeures sur la santé physique et mentale des personnes âgées et les expose à un risque de dépression et d'isolement social. Pire, explique-t-elle, « les personnes âgées ayant une attitude négative vis-à-vis de leur propre vieillissement ne se rétablissent pas aussi bien des incapacités et vivent en moyenne 7,5 années de moins que celles ayant une attitude positive ».

Dans un autre rapport consacré à l'âgisme paru en mars 2021, les Nations unies estiment que 6,3 millions de cas de dépression dans le monde sont dus à l'âgisme. Selon ce rapport, une personne sur deux dans le monde aurait des attitudes âgistes. « L'âgisme est si répandu et si bien accepté dans nos attitudes comme dans nos politiques, nos lois et nos institutions que nous ne réalisons pas les répercussions qu'il a sur notre dignité et sur nos droits. Nous devons lutter de front contre cette violation des droits de l'homme aujourd'hui profondément enracinée », a déclaré Michelle Bachelet, Haute-Commissaire des Nations unies aux droits de l'homme.

« Toute personne humaine a le droit et l'aspiration à s'affirmer elle-même comme personne, à entrer en relation avec son entourage et à participer, fût-ce de façon infime ou discrète, au monde qui l'entoure, en étant, précisément, respectée par lui comme une personne. Très particulièrement pour celles des personnes que le regard social tend le plus à ignorer ou à dévaloriser. »

Rapport de Denis Piveteau, Experts, acteurs, ensemble… pour une société qui change, février 2022.

À SAVOIR

TRANSMETTRE AVEC LE BÉNÉVOLAT

La plate-forme internet Benevolt permet à ses usagers, quel que soit leur âge, de transmettre leurs compétences acquises. Cette entreprise solidaire met en relation des bénévoles avec des associations nationales (Croix-Rouge française, Médecins du monde, Action contre la faim, Unicef, etc.) ou locales pour des missions tous secteurs. La plate-forme revendique aujourd'hui plus de 150 000 bénévoles.

RÉALISER SES RÊVES

Pour ne plus voir les seniors à travers le prisme de ce qu'ils ne sont plus capables d'effectuer, l'opération Rêves de seniors permet aux plus de 60 ans de réaliser leur rêve. L'occasion de changer le regard de la société sur le vieillissement. Un comité sélectionne chaque trimestre les bulletins de participation détaillant les rêves des candidats (activité sportive ou culturelle, rencontre avec une célébrité ou projet entrepreneurial). L'opération a ainsi permis à des seniors de sauter en parachute, de se lancer dans le théâtre d'improvisation ou encore de rencontrer l'astronaute Thomas Pesquet.

Ils répondent

Jean-Pierre Gallaire,
dirigeant de l'association Maxi Aide Grand Lyon*

« L'aide à domicile est parfois la seule visite que reçoivent les personnes âgées dans la journée. »

« En quelques années, les besoins ont changé. Le premier besoin des personnes âgées est de sortir de l'isolement. Parfois, l'aide à domicile est la seule personne qu'elles rencontrent dans leur journée. En effet, les familles sont aujourd'hui trop dispersées pour aider régulièrement leurs parents et nous transfèrent cette charge. Nous sommes des acteurs de la chaîne du repérage des fragilités, qui doit se faire en accord avec les familles. Il n'est pas toujours évident d'effectuer le premier pas pour faire appel à nous, d'accepter de se socialiser et de rencontrer d'autres personnes. Nous devons donc aussi affronter cette peur et veiller à respecter l'intimité de la personne. Et en fonction des informations que nous recueillons sur place chez la personne, nous sommes capables d'effectuer un signalement auprès du service social de la ville ou du département, de l'infirmière qui passe, voire du médecin. Notre intervention permet donc d'alerter d'autres acteurs de la chaîne du maintien à domicile. »

* Service d'aide à domicile dans la métropole de Lyon.

PARTIE 2

OSER DEMANDER DE L'AIDE

Démarches administratives à entreprendre, aides financières à solliciter, services à domicile à contacter, soins à coordonner... En l'absence d'un guichet unique, les personnes confrontées aux difficultés liées au maintien à domicile peuvent vite se sentir perdues. Heureusement, la rencontre avec des professionnels permet souvent de dénouer les problèmes rencontrés et de sortir de la confusion des débuts.

Où trouver de l'aide ? Après une chute, à la suite d'une hospitalisation ou lorsque le trouble cognitif devient incompatible avec le maintien à domicile sans un accompagnement, chacun se retrouve confronté à cette question, qu'il soit directement concerné ou aidant. Malheureusement, ce type de situation est rarement envisagé ou discuté, alors que le degré d'urgence implique parfois de trouver rapidement des réponses adaptées. Dès lors, quand on est confronté au problème « à chaud », l'entrée dans le parcours à la suite d'un nouveau besoin ou du déclenchement d'une pathologie ressemble souvent au parcours du combattant. D'autant que la première porte poussée pour entamer les démarches n'est pas toujours la bonne. Qu'elle soit d'ordre médical, humain ou financier, l'aide extérieure est indispensable pour préserver le plus longtemps possible son autonomie et pour vieillir chez soi.

Claire, 63 ans

« "Qu'est-ce qu'on en fait ?" demande une infirmière en parlant de ma mère... »

« Une fois, deux fois, trois fois... maman s'est laissée glisser. À 87 ans, elle n'a plus envie. Alors elle a cessé de s'alimenter. Entre plusieurs allers-retours à l'hôpital, elle me confie vouloir partir. C'est un choc. Je voudrais l'aider en l'accueillant chez moi, mais je ne peux pas, car je travaille. Lors de son troisième passage à l'hôpital, une infirmière m'appelle pour me demander "Qu'est-ce qu'on en fait ?", comme s'il s'agissait de bétail. Mais il s'agit de ma mère, et je ne peux rester sans rien faire. Alors je réussis à lui trouver une place en Ehpad. Un vrai miracle. Mon frère, ma sœur et moi nous cotisons pour payer la différence, car sa retraite de 1 300 € ne permet pas de régler les frais. Progressivement, elle remonte la pente. Si bien qu'après deux mois elle veut sortir. Grâce à l'aide de mon mari, à la retraite, je l'accueille finalement à la maison. Elle reprend seule ses médicaments, ses repas et nourrit mon chien. La routine quotidienne se réinstalle. Un mois plus tard, elle veut rentrer chez elle. Je ne vais pas la laisser partir comme ça. Alors je fixe mes conditions. Nous lui achetons une bouilloire et un micro-ondes : pas question de retrouver comme avant les repas livrés à domicile à la poubelle, faute de savoir les réchauffer. Elle refait ses courses toute seule. Mon frère déjeune chaque jour avec elle. Je ne sais pas si elle mesure la chance d'avoir une famille soudée. Nous sommes fiers d'avoir pu nous débrouiller pour lui venir en aide et d'avoir trouvé une solution alternative pour la maintenir chez elle. »

SOS
MÉNAGE

SOS, JE SUIS PERDU

L'accompagnement face au vieillissement dépend largement du territoire. Les inégalités sont grandes, notamment entre les territoires ruraux, où le choix des services et des soins est limité, et les agglomérations, plus richement dotées. Or le premier intermédiaire est recherché localement. À l'échelle d'une commune (ou communauté de communes), l'interlocuteur est le centre communal d'action sociale (CCAS). Il est également possible de solliciter les services du département, comme la maison départementale des solidarités (MDS) ou la maison des aînés et des aidants. Si leurs noms diffèrent, ces lieux ont tous pour mission d'informer les personnes sur les aides possibles au niveau local ou national et d'orienter vers les services accessibles. Au minimum, ces centres procurent aux personnes en difficulté une liste de contacts pour les guider dans le maintien à domicile.

D'autres acteurs ou structures peuvent être contactés directement pour des besoins particuliers, par exemple les maisons départementales de l'autonomie (MDA), mises en place dans certains départements. Les personnes âgées ou handicapées peuvent y être informées sur les dispositifs les concernant et parfois déposer leur demande d'aide de prestation à l'autonomie, comme l'allocation personnalisée d'autonomie (Apa) ou la carte mobilité inclusion (CMI).

À la recherche du point d'entrée unique

Ces structures locales sont parfaitement légitimes en matière sociale ou médico-sociale, mais peuvent pécher sur l'accompagnement médical. Pour obtenir un accompagnement global avec une vision d'ensemble sur les aides existantes, l'État tourne depuis plus de vingt ans autour de la question du guichet unique. La première réponse globale visant à décloisonner les réponses apportées fut mise en place avec les centres locaux d'information et de coordination (Clic), créés en 2000. Leur mission consistait à aider les personnes en perte d'autonomie dans leurs démarches et, pour certains centres, à évaluer les besoins et à élaborer un plan d'aide personnalisé, jusqu'à la mise en place de l'accompagnement avec les intervenants concernés (soins infirmiers à domicile, portage de repas, aide à domicile, etc.). Sont ensuite arrivées les méthodes d'action pour l'intégration des services d'aide et de soins dans le champ de l'autonomie (Maia, 2008), 352 dispositifs aujourd'hui, couvrant 98 % du territoire ; les plates-formes territoriales d'appui (PTA, 2016), guichet unique au service des professionnels ; les équipes de soins primaires (ESP, 2016), chargées de coordonner les parcours de soins pour les personnes atteintes de maladies chroniques, ou en situation de handicap ou de perte d'autonomie ; puis les communautés 360 (2020), instaurant un numéro de téléphone unique (0 800 360 360) pour offrir des réponses aux personnes en situation de handicap. La liste devrait s'allonger, puisque le gouvernement annonce aujourd'hui la création du service public territorial de l'autonomie (SPTA), pour assurer une continuité de l'accompagnement des services sanitaires et sociaux de proximité. En attendant, difficile de trouver le bon pilote pour se faire accompagner !

Les DAC, nouvelle vigie sur le territoire

Dans ce panorama diffus, une nouvelle solution émerge pour favoriser le maintien à domicile des personnes les plus vulnérables (pathologies à un stade avancé, personnes en situation d'isolement extrême, etc.) avec les dispositifs d'appui à la coordination (DAC). Ces derniers ont été instaurés en 2022, en remplacement des Clic et des PTA. Leurs équipes, composées notamment d'assistantes sociales et aujourd'hui présentes partout sur le territoire (132 DAC existants en février 2023), se déplacent à domicile pour les parcours les plus complexes (lire l'entretien page suivante) et mettent en place un plan d'action personnalisé. Elles servent de lien entre les personnes et les professionnels de santé libéraux, sociaux ou médico-sociaux. En accédant au dispositif, la personne obtient alors une vue complète sur les ressources médicales, soignantes et administratives disponibles sur le territoire pour couvrir son besoin d'accompagnement global. Le contact avec le DAC peut être initié par tout professionnel de santé, par le patient lui-même ou par son aidant. Une cartographie nationale permet de repérer le service présent sur son territoire (carto.atlasante.fr/1/dgos_metropole_dac.map). Il est possible de le solliciter pour faire évaluer la situation du patient, qu'il soit déjà bénéficiaire de l'Apa ou non. L'équipe du DAC peut même assister à l'évaluation Apa.

À SAVOIR
UN PORTAIL SUR INTERNET DÉDIÉ AU VIEILLISSEMENT

Le portail du gouvernement à disposition des personnes âgées et de leurs proches (pour-les-personnes-agees.gouv.fr) est un outil utile et complet. On y trouve les annuaires des services d'aide et de soins à domicile répertoriés, la liste des numéros de téléphone utiles ou encore les coordonnées du point d'information local de proximité ou du service chargé de l'aide à l'autonomie des personnes âgées dans chaque département. Un point d'entrée multicarte à ne pas négliger pour faciliter ses démarches de maintien à domicile.

Ils répondent

Emmanuelle Blanc,
coordinatrice d'aides et de soins en gérontologie dans un dispositif d'appui à la coordination* du Vaucluse

« Notre rôle consiste à redonner un véritable souffle de vie. »

« Notre mission est d'aller chez les gens pour simplifier et fluidifier le parcours de soins dans des cas complexes, par exemple des personnes atteintes d'un Alzheimer avancé, du syndrome de Diogène, ou des personnes en état d'incurie et refusant tout soin. Nous les accompagnons jusqu'à leur transfert en Ehpad, voire jusqu'à leur décès à la maison, y compris avec de lourdes pathologies. Une fois la personne identifiée, nous la contactons par téléphone pour évaluer notre plus-value à apporter sur le terrain. Il ne s'agit pas d'ajouter un intervenant de plus, souvent vu comme une intrusion supplémentaire. Nous cherchons à entrer doucement dans la vie des gens, en nous adaptant à leur temporalité. Nous ne sommes pas dans l'intervention d'urgence vitale et nous pouvons nous donner jusqu'à six mois pour y arriver. Nous rendons des visites régulières et accompagnons les personnes en respectant au maximum leur volonté. Ces gens ont parfois un référentiel différent du nôtre et nous devons l'accepter. C'est le cas, par exemple, avec le syndrome de Diogène, qui se traduit par une négligence de l'hygiène à domicile. Une personne m'a raconté que le service d'aide à domicile refusait de la prendre en charge si elle ne prenait pas de douche. Je sais qu'une personne y a été emmenée de force. Dans un autre cas qui m'a été rapporté, une dame a été contrainte de se faire couper les cheveux. Ces actes sont particulièrement violents. De quel droit pourrions-nous leur imposer les choses ? Notre rôle consiste au contraire à donner un élan, un souffle de vie et à réintroduire la notion de plaisir, car le désir n'a pas d'âge. Même si ce n'est pas dans mes prérogatives, je suis capable de faire 100 kilomètres pour emmener sur la côte une personne qui rêvait de revoir la mer. Il est toujours possible de trouver le petit geste qui va créer une émotion, y compris avec des personnes très altérées. Ces émotions ont ensuite des répercussions très positives sur le bien-être et la santé. »

*** Dispositifs départementaux créés en 2019 pour favoriser le maintien à domicile.**

RECEVOIR UNE AIDE FINANCIÈRE

Pour favoriser le maintien à domicile, une assistance financière peut être versée en fonction du niveau de perte d'autonomie, de l'âge ou des revenus de la personne.

L'aide personnalisée à l'autonomie, de plus en plus universelle

Versée par le département, l'Apa sert à payer la totalité ou une partie des dépenses nécessaires au maintien à domicile prévues dans le plan d'aide personnalisé, telles que le portage de repas, les travaux d'aménagement du domicile ou les prestations d'aide à domicile. Pour en bénéficier, il faut avoir plus de 60 ans, résider à domicile, au domicile d'un proche hébergeant ou dans une résidence autonomie, et être en situation de perte d'autonomie. Le degré de perte d'autonomie est évalué par une équipe médico-sociale qui rend visite à la personne à domicile. Elle peut également évaluer les besoins d'un proche aidant. En cas d'hébergement en établissement, le degré de perte d'autonomie est déterminé par l'équipe médico-sociale de la structure.
L'évaluation est effectuée sur la base de la grille Aggir, qui comprend six niveaux de groupes iso-ressources (Gir) correspondant aux états de dépendance, de Gir 6 (personnes capables d'effectuer les actes essentiels de la vie courante) à Gir 1 (personnes les plus dépendantes). Seuls les niveaux Gir 1 à 4 ouvrent droit à l'Apa. Les personnes reconnues Gir 5 et 6 maintenues à domicile n'ont pas accès à l'Apa, mais elles peuvent percevoir une aide sociale de leur régime de retraite ou de leur département pour des prestations d'aide ménagère, attribuée en fonction de leurs ressources.

Une prise en charge en fonction des revenus

Le dossier pour l'Apa peut être demandé auprès du département, du centre communal d'action sociale ou d'un point d'information local dédié aux personnes âgées. En 2023, son montant mensuel maximal varie entre 746 € (Gir 4) et 1914 € (Gir 1). L'aide est exonérée d'impôt. Dans tous les cas, les bénéficiaires doivent verser un reste à charge pour régler leur plan d'aide, qui dépend des revenus et du montant du plan envisagé. Exemple : si le revenu de la personne dépasse 3 184 € par mois, le reste à charge atteint 90 % dans le cadre de l'Apa à domicile. Le montant de l'Apa peut être majoré (+ 540 € maximum) si le proche aidant a lui-même besoin de financer un séjour de répit et ne peut être remplacé ou s'il doit être hospitalisé (+ 1073 € maximum par hospitalisation) pour financer les solutions de relais mises en place (aide à domicile ou accueil temporaire en établissement). Les titulaires d'une pension d'invalidité ayant besoin de l'aide d'un tiers pour accomplir les gestes du quotidien et ayant moins de 67 ans peuvent bénéficier de la majoration pour tierce personne (1 210,90 € par mois depuis avril 2023) en s'adressant à la Caisse primaire d'assurance maladie (salariés), ou à la caisse versant la pension d'invalidité ou de vieillesse. L'Apa est versée tous les mois, ou de manière ponctuelle, à son bénéficiaire ou directement à un prestataire (dépenses d'adaptation du logement, prestations d'accueil temporaire, etc.). À noter qu'en cas d'hébergement en Ehpad (ou en unité de soins de longue durée) l'Apa sert à régler les prestations liées à la dépendance (aide et accompagnement, hors frais d'hébergement) fixées selon le niveau Gir. Ces prestations sont comprises dans le « tarif dépendance » affiché par l'établissement. Ce dernier déduit directement de la facture le montant de l'Apa versé par le département.

58 **C'est le nombre de prestations sociales, nationales ou locales, répertoriées sur le site mesdroitssociaux.gouv.fr. Ce portail permet d'estimer ses droits en moins de quinze minutes, de retrouver rapidement ses organismes de rattachement et de réaliser ses démarches en ligne. Pour se connecter, il suffit d'utiliser la procédure FranceConnect, d'indiquer son numéro de Sécurité sociale et de se laisser guider.**

NON, L'APA N'AMPUTE PAS L'HÉRITAGE!

Le décès de la personne âgée destinataire de l'Apa n'entraîne aucun remboursement de la part des héritiers. L'Apa ne fait, en effet, l'objet d'aucune récupération sur la succession, contrairement à l'ancien dispositif qui a pris fin en 2002. À la fin 2018, plus d'un tiers des personnes âgées de 85 ans et plus bénéficiaient de l'Apa. Mais nombre d'entre elles refusent encore de faire valoir leurs droits en pensant ainsi préserver l'héritage pour leurs enfants.

UNE INJUSTICE POUR LES PATIENTS ATTEINTS DE LA MALADIE DE CHARCOT

Les personnes touchées par la sclérose latérale amyotrophique (SLA ou maladie de Charcot) sont confrontées à une incapacité élevée. Pourtant, même en cas de tétraplégie, elles ne se voient pas reconnaître un niveau Gir 1 ou 2 sur la grille Aggir, car la SLA est rarement associée à des troubles cognitifs. Résultat, le niveau de l'Apa qu'elles perçoivent après 60 ans ne leur permet pas de faire face à leurs besoins, la présence d'un auxiliaire de vie présent 24 heures sur 24 étant parfois nécessaire.

Obtenir un crédit d'impôt

Si vous faites appel à un service d'aide à domicile pour les actes de la vie quotidienne ou pour l'entretien de la maison, ou si vous employez directement une aide à domicile, vous bénéficiez d'un crédit d'impôt à mentionner dans votre déclaration (ligne 7DB). Ce crédit d'impôt atteint 50 % des dépenses annuelles, dans la limite de 12000 € (chiffres de 2011). Ce plafond peut être majoré de 1500 € par membre du foyer âgé de plus de 65 ans. Il peut même passer à 20000 € si un des membres du foyer détient la carte d'invalidité ou perçoit une pension d'invalidité de 3e catégorie. Le même plafond est appliqué aux titulaires de la carte mobilité inclusion invalidité. Attention, il existe des sous-plafonds dans le plafond global de 12000 €. Il en est ainsi des travaux de jardinage (5000 € de plafond annuel), de petit bricolage (500 €) ou des prestations d'assistance informatique et internet à domicile (3000 €). Pour les personnes employant directement une aide à domicile (salarié employeur), le plafond passe de 12000€ à 15000€ la première année de déclaration. Attention, seuls les services à domicile ouvrent droit au crédit d'impôt. Ainsi, il n'est pas accessible en cas de recours à des prestations réalisées à l'extérieur (livraison de linge, livraison de courses, accompagnement pour un déplacement, etc.), sauf si elles sont couplées avec une prestation à domicile (ménage, etc.).

À SAVOIR

Si vous êtes bénéficiaire de l'Apa ou de la prestation de compensation du handicap (PCH), le crédit d'impôt ne s'applique que sur le montant correspondant à la différence entre le montant de la facture des services à domicile et le montant des aides déjà perçues. Le montant de ces aides reçues doit également être reporté dans la déclaration de revenus (ligne 7DR).

26 **Soit le nombre d'activités ouvrant droit au crédit d'impôt au titre des services à la personne. Ces prestations, comme la préparation de repas à domicile, l'assistance informatique à domicile, la promenade d'animaux de compagnie pour les personnes dépendantes ou la conduite des personnes en cas d'invalidité temporaire, concernent en grande majorité le maintien à domicile des personnes fragiles ou dépendantes.**

À SAVOIR

Dans un couple, si l'un des conjoints est en Ehpad (ou en résidence autonomie) et que l'autre a besoin d'une personne à domicile pour l'aider, le crédit d'impôt pour l'emploi d'un salarié à domicile est cumulable avec la réduction d'impôt en établissement (maximum de 2 500 € par personne hébergée).

Ils répondent

Laurent Vachey,
ancien inspecteur général des finances et ancien directeur de la Caisse nationale de solidarité pour l'autonomie (CNSA)

« Il n'est pas toujours simple de savoir où s'adresser et quelles aides solliciter. »

« Force est de reconnaître que les avancées en faveur du grand âge sont décevantes. Emmanuel Macron est le troisième Président à annoncer une grande loi sur la perte d'autonomie, alors que beaucoup de travaux et de rapports préliminaires ont été publiés. Pour autant, on ne peut pas affirmer qu'on ne fait rien en France. Car le financement de la prise en charge des personnes âgées ou en situation de perte d'autonomie a fortement progressé à travers l'aide directe, comme l'Apa, les soutiens fiscaux, notamment pour les aides à domicile, ou la création de nouvelles places en établissement.

Il n'est pas toujours simple de savoir où s'adresser et quelles aides solliciter, même si le site internet pour-les-personnes-agees.gouv.fr a permis une nette amélioration, notamment pour comparer les tarifs des Ehpad, qui étaient une véritable boîte noire. Il existe encore des cumuls de fonctions : par exemple, la branche vieillesse et la branche maladie de la Sécurité sociale financent toutes les deux un programme pour le retour à domicile à la suite d'une hospitalisation. Ces frottements doivent être traités. Il existe encore une multiplicité d'aides venant de la Sécurité sociale, des caisses de retraite, des organismes de prévoyance… Deux types d'aides principales cohabitent : l'une directe, avec l'Apa, et l'autre indirecte, avec l'avantage fiscal du crédit d'impôt. Ces deux canaux de financement parallèles produisent un effet différent selon les ressources : l'Apa est très efficace pour les personnes sans ressources, tandis que les personnes aisées bénéficient à plein de l'avantage fiscal. Les efforts doivent encore porter sur les revenus moyens, qui sont pénalisés. »

LES AIDANTS, AU FOUR ET AU MOULIN

Frédérique, 51 ans

« Mes parents sont longtemps restés dans le déni. »

« Ma mère souffre de troubles cognitifs et mon père flanche. Nous avons trop attendu pour faire appel à une aide extérieure, mais ma mère refusait toute visite qui ne venait pas de son entourage. Certaines personnes âgées perçoivent l'intervention d'un tiers comme une intrusion. Ils voient qu'ils n'auront bientôt plus voix au chapitre et qu'ils ne pourront plus décider de leur sort, ce qui leur fait très peur. D'autant que mon père a longtemps fait barrage pour dissimuler la vulnérabilité de ma mère. Il a fallu que nous déclenchions l'alerte pour organiser des démarches. Mes parents sont longtemps restés dans le déni et n'auraient pas décroché leur téléphone. Je crois qu'il est encore plus difficile d'accepter la situation en cas de problèmes cognitifs. Le premier frein aux aides est donc d'abord psychologique. Et pendant le laps de temps qu'il a fallu pour que ma mère accepte une aide, le conjoint et les aidants s'épuisaient. Malheureusement, mon père ne semble toujours pas comprendre. Voilà quelques mois, ma mère est tombée dans l'escalier et a été retrouvée inconsciente. Mais avant de composer le 15, mon père m'a appelée pour savoir si je pouvais venir l'aider. Il a fallu que nous insistions pour lui faire comprendre l'urgence et qu'il s'adresse aux pompiers ! »

Toute personne venant en aide à une personne âgée en perte d'autonomie, de manière régulière et à titre non professionnel, pour accomplir une partie ou la totalité des actes de la vie quotidienne est considérée comme un aidant. La loi d'adaptation de la société au vieillissement, entrée en vigueur début 2016, a créé un nouveau statut de proche aidant, élargi à l'entourage (voisin, ami, etc.), même si dans les faits l'aidant reste à 80 % le conjoint ou un enfant. Ce statut permet de prévenir le risque d'épuisement. En effet, si s'occuper d'un proche en difficulté va souvent de soi pour des raisons d'ordre moral ou affectif, la charge physique, mentale et émotionnelle exigée ne doit pas être prise à la légère.
L'aidant peut solliciter des aides, accompagner l'aidé dans ses rendez-vous médicaux, veiller à ce qu'il se porte bien au quotidien, mais aussi assurer les éventuelles urgences... Une fonction qui présente également des dangers. Selon une étude, 60 % des aidants sont exposés à un risque de surmortalité dans les trois ans suivant le début de la maladie de leur proche, et un tiers d'entre eux décèdent avant leurs aidés (baromètre de l'Organisme commun des institutions de rente et de prévoyance [Ocirp], 2016).

Un droit au répit et un congé pour les aidants

Depuis 2016, les aidants peuvent souffler et prendre un temps de repos pour eux-mêmes grâce au droit au répit. La prise en charge de leur aidé est alors assurée par un service d'aide à domicile ou un accueil temporaire en Ehpad, avec une aide financière de 500 € délivrée au-delà de l'Apa déjà perçue par l'aidé. Si le proche aidant est lui-même hospitalisé, l'aide est majorée jusqu'à 992 € au-delà des plafonds de l'Apa. Pour identifier les solutions de répit et être orientés, les aidants peuvent solliciter l'une des 250 plates-formes d'accompagnement et de répit (PFR) réparties sur tout le territoire. Ils ont également à disposition un numéro unique (0 800 360 360) pour les aider dans leurs démarches, ainsi que le guide *Besoin de répit* et ses 17 fiches repères. Accessible en

ligne (solidarites.gouv.fr/agir-pour-les-aidants), celui-ci présente l'ensemble des dispositifs de répit existants.
D'autre part, la loi a créé un congé spécial pour les proches aidants, destiné aux salariés (mais aussi aux travailleurs indépendants ou aux demandeurs d'emploi) qui souhaitent suspendre leur contrat de travail pour s'occuper d'un proche en situation de handicap ou en perte d'autonomie. L'aidant perçoit alors de la part des caisses d'allocations familiales une indemnité (allocation journalière du proche aidant à 62,44 € par jour en 2023) pendant trois mois maximum, renouvelable dans la limite de deux ans pendant toute sa carrière. Le proche aidé doit être bénéficiaire de l'Apa avec une évaluation Gir 1 à 4 ou avoir un taux d'incapacité de plus de 80 % reconnu par la maison départementale des personnes handicapées. Il doit être lié par un lien familial (conjoint, parent, etc.) ou vivre avec la personne âgée ou handicapée. Pour en bénéficier, les salariés doivent prévenir leur employeur par lettre recommandée. Ce dernier ne peut pas refuser le congé. Depuis 2018, les proches aidants peuvent également profiter de jours de repos (congés, RTT ou jours déposés sur un compte épargne-temps) offerts par leurs collègues salariés du secteur privé ou agents de la fonction publique. Le bénéficiaire est ainsi rémunéré pendant qu'il s'occupe de son proche. La personne aidée peut être le conjoint du salarié, un enfant, un parent, mais aussi un frère ou une sœur, un oncle ou une tante, ou encore une personne âgée ou handicapée avec qui elle habite.
Enfin, depuis le 1er janvier 2015, les aidants familiaux qui prennent soin d'un adulte handicapé atteint d'une incapacité permanente de 80 % au moins bénéficient de trimestres attribués pour leur retraite sur les périodes de prise en charge. Chaque période de trente mois de prise en charge permanente ouvre droit à un trimestre validé, dans la limite de huit trimestres. En outre, si l'aidant a interrompu sa carrière pendant plus de trente mois consécutifs pour s'occuper d'un proche handicapé, il bénéficie d'une retraite à taux plein dès 65 ans, au lieu de 67.

LA POSSIBILITÉ D'ÊTRE DÉDOMMAGÉ, VOIRE SALARIÉ

Si vous assistez un membre de votre famille en situation de handicap et percevant la PCH, vous pouvez être dédommagé d'un montant de 50 % du smic horaire net applicable aux emplois familiaux, et jusqu'à 75 % si l'aidant renonce à une activité professionnelle. L'aidant peut également obtenir le statut de salarié s'il s'occupe d'une personne âgée dépendante bénéficiaire de l'Apa ou de la PCH (hors conjoint).

À SAVOIR

LES CAFÉS DES AIDANTS

Portés par des associations locales ou des antennes d'associations nationales (Familles rurales, Aide à domicile en milieu rural [ADMR], etc.), des cafés sont organisés pour les aidants partout en France (informations sur aidants.fr). Ces rencontres gratuites, encadrées par des psychologues ou des travailleurs sociaux, permettent d'échanger et de trouver du soutien.

LES ENFANTS DOIVENT SOUTENIR LEURS AÎNÉS

Les enfants doivent une aide à leurs parents dans le besoin, au titre de l'aide alimentaire (article 205 du Code civil). En cas de mésentente familiale, la pension due par les enfants à leurs parents peut être fixée par le juge aux affaires familiales. Le montant dépend des ressources des enfants et des besoins de la personne, notamment lors du départ en établissement. En cas de non-versement de la pension, l'enfant commet un délit d'abandon de famille.

11 millions

Selon une estimation de la Direction de la recherche, des études, de l'évaluation et des statistiques (Drees), 8 à 11 millions de personnes sont aujourd'hui des aidants auprès de personnes âgées, malades ou en situation de handicap en France. Les aidants sont des femmes à 57 %.

À SAVOIR

« Au-delà des activités d'aide et de soins, les aidants endossent progressivement un rôle de coordination, en organisant le réseau des proches et des professionnels assurant une continuité ou une présence suffisante auprès du parent âgé [...]. »

Extrait résumé de l'Étude de la Haute Autorité de santé sur le répit des aidants, juillet 2022.

SOLLICITER SERVICES ET SOINS À DOMICILE

Henri, 74 ans

« L'équipe de soins infirmiers à domicile me rassure et m'aide à prendre les bonnes décisions. »

« Rapidement après le diagnostic de ma femme, atteinte de la maladie d'Alzheimer, je n'ai plus été capable de faire front. Sur les conseils de notre médecin généraliste, nous avons alors fait appel aux services de soins infirmiers à domicile (Ssiad). Passé une période de trois mois sur liste d'attente, nous avons reçu la visite d'un infirmier coordinateur pour évaluer nos besoins. Une aide-soignante se déplace désormais plusieurs fois par semaine par créneaux de quarante minutes. Seul inconvénient : elles n'ont pas d'horaire fixe et il faut bloquer toute sa matinée. Comme ce sont rarement deux fois les mêmes qui viennent, je dois souvent réexpliquer la situation. Mis à part ces inconvénients, ces intervenantes diplômées nous aident de manière efficace dans les soins d'hygiène comme dans la prise de médicaments. Les Ssiad disposent même d'une équipe spécialisée Alzheimer qui me rassure et m'aide à prendre les bonnes décisions. »

À chaque besoin correspondent une présence humaine et des prérogatives différentes. Avec l'âge, les personnes commencent souvent par solliciter de petits services du quotidien pour éviter d'avoir recours à sa famille ou à ses proches. À l'inverse, plus la perte d'autonomie est importante, plus les besoins se professionnalisent et nécessitent la présence de personnel médical.

Trouver des services d'aide à domicile

À domicile, les besoins peuvent être très différents selon ses habitudes. Pour se faire aider, il est d'abord possible de solliciter des services « de confort », comme le jardinage, le bricolage ou l'aide administrative. Pour trouver ces solutions, on sollicite son entourage pour savoir si untel ne connaît pas une aide ménagère pour le ménage ou une personne disponible pour promener son chien. Si le bouche-à-oreille ne fonctionne pas, il est possible de s'adresser à des entreprises qui proposent une palette de services plus ou moins vaste parmi la liste des 26 ouvrant droit au crédit d'impôt. Dans les métropoles, la concurrence sur ces services aux aînés est parfois rude. À Lyon, par exemple, 160 entreprises proposent des services à domicile (source : Union nationale des aides, des soins et des services aux domiciles [Una]). L'habillement, les déplacements et l'entretien du logement sont généralement les services les plus demandés. Tout comme le portage de repas, même s'il ne fait pas l'unanimité. Des fédérations professionnelles d'aide à domicile telles que l'Una ou les ADMR, présentes partout sur le territoire, peuvent également orienter pour trouver le bon service. Les personnes souhaitant employer elles-mêmes leur aide à domicile peuvent trouver tous les renseignements sur le site de la Fédération des particuliers employeurs de France (fepem.fr).

Un auxiliaire de vie pour un accompagnement au quotidien

Lorsqu'il n'est plus possible d'accomplir les actes simples de la vie quotidienne – on parle alors de « dépendance partielle » –, la présence d'une aide à domicile, même ponctuelle, s'impose, afin d'accompagner la personne dans les gestes devenus difficiles, notamment au lever et au coucher.

Il s'agit d'un soutien extérieur indispensable si les proches ne sont pas disponibles ou sont trop éloignés. Cette fonction peut être confiée à un auxiliaire de vie sociale (AVS). Ces professionnels reconnus par un diplôme d'État aident à réaliser les tâches du quotidien telles que les courses, les repas, la lessive, le repassage, etc. Contrairement à l'aide ménagère (ou aide à domicile), l'AVS peut dispenser des soins d'hygiène pour la toilette ou aider la personne à se lever ou se coucher. En revanche, elle ne peut pas réaliser un acte ayant fait l'objet d'une prescription médicale, y compris poser une bande ou des bas de contention. De même, elle peut rappeler à la personne aidée de prendre ses médicaments prescrits, mais pas les lui administrer. Le financement d'un service d'aide à domicile unique, ou incluant plusieurs missions (aide aux courses, cuisine, ménage, etc.) peut être pris en charge par l'Apa, tout comme le recours à un auxiliaire de vie, dans le cadre du plan d'aide personnalisé.

Des soins médicaux à domicile pour affronter la dépendance

En cas de soins nécessaires, le patient peut faire appel aux Ssiad. Disponibles 7 jours sur 7, ces structures interviennent uniquement sur prescription médicale pour les personnes âgées de moins de 60 ans en situation de handicap ou atteintes d'une maladie chronique, ou pour celles de plus de 60 ans malades ou en perte d'autonomie. Les Ssiad sont composés d'aides-soignants et d'infirmiers diplômés d'État, qui réalisent des soins infirmiers (pansements, injections, distribution des médicaments, etc.), d'hygiène ou de confort, comme la toilette. Ils peuvent également assurer la coordination avec les autres intervenants médicaux ou paramédicaux (aide à domicile, kiné, médecin, etc.) lorsque plusieurs professionnels interviennent dans la même journée, parfois même la nuit (présence de nuit, voire garde de nuit).

Les Ssiad disposent aussi d'une équipe spécialisée Alzheimer (ESA), qui accompagne les personnes diagnostiquées au début de la maladie et vivant à domicile. Les équipes de Ssiad sont facilement localisables sur le portail national d'information pour les personnes âgées et leurs proches (pour-les-personnes-agees.gouv.fr). Leurs interventions sont entièrement prises en charge par l'Assurance maladie, sans frais à avancer et sans justifier d'une complémentaire santé. Un dernier niveau de recours peut être sollicité à la maison : l'hospitalisation à domicile (HAD). Cette alternative à la prise en charge en Ehpad a pour objectif de raccourcir un séjour à l'hôpital ou de l'éviter. Elle permet de réaliser à domicile des soins ponctuels (maladies non stabilisées, notamment en cours de chimiothérapie), des soins de réadaptation au domicile (retour anticipé après une maladie cardiaque ou neurologique, etc.) ou des soins palliatifs.

À SAVOIR
UNE OPINION DIVERGENTE SUR LE PORTAGE DE REPAS

Tous les services d'aide à domicile ne sont pas forcément d'accord sur l'utilité des prestations. Par exemple, le portage de repas n'est pas encouragé par certaines structures qui considèrent qu'aller faire ses courses, choisir ses menus et cuisiner constituent des tâches essentielles au maintien à domicile, quitte à ce que la personne se fasse accompagner. Pour d'autres, ce service est un moyen essentiel de prévention pour permettre à la personne de continuer à prendre un repas régulier et équilibré. Mieux vaut donc interroger le prestataire avant la mise en place du plan d'aide pour savoir si ses services correspondent aux besoins et aux habitudes de la personne aidée.

UN DISPOSITIF DE SOUTIEN AU DOMICILE

Depuis 2020, la Croix-Rouge et la Mutualité française expérimentent une nouvelle solution: les dispositifs renforcés de soutien au domicile (Drad) pour les personnes âgées en situation de perte d'autonomie qui souhaitent rester à domicile. Les Drad visent les personnes pour qui l'accompagnement des services à domicile ne suffit plus et qui seraient orientées vers une entrée en établissement. Il s'agit d'un plan d'accompagnement et de coordination, en lien avec les services existants au sein des territoires, qui s'inscrit dans une logique de soutien aux aidants et de prévention de la perte d'autonomie. L'environnement de la personne est ainsi sécurisé par plusieurs actions, comme la mise en place d'un dispositif de télésurveillance, l'organisation d'un service d'astreinte 24 heures sur 24 par des soignants, ou encore la mise à disposition d'une chambre d'accueil d'urgence au sein d'un Ehpad référent.

À SAVOIR
PRESTATAIRE OU MANDATAIRE?

En général, le client signe avec l'entreprise qui fournit une prestation avec un de ses salariés. Plus rarement, le client s'attache directement les services d'une personne. On parle alors de mandataire, car le client signe un mandat avec le service pour lui trouver la personne – généralement un auxiliaire de vie – qui deviendra salariée du particulier employeur. Dans ce cas, le client a toujours la même personne à son service.

Ils répondent

Jérôme Perrin,
directeur du développement et de la qualité à l'Union nationale de l'aide à domicile en milieu rural ou périurbain (UNADMR*)

« Coordonner les services d'aide et de soins à domicile »

« Le virage domiciliaire a été décidé depuis quatre à cinq ans, favorisé par le *bashing* sur l'Ehpad. Il existe déjà 7 000 sociétés de services à domicile en France, soit autant que le nombre d'Ehpad. Mais attention à ne pas tout confondre : 70 % des gens n'ont besoin que d'une aide et non de soins à domicile, et il règne une certaine confusion avec le développement des services à la personne. Proposer des heures de ménage à une personne en Gir 6 n'est pas la même chose qu'aider une personne en Gir 3 pour sa toilette au lever et au coucher. L'essentiel est d'identifier le service le mieux placé et le mieux outillé pour intervenir auprès de la personne en fonction de ses besoins. L'objectif, demain, c'est d'arrêter les services qui ne font que de l'aide ou que du soin, et de croiser les organisations. Déjà, les services d'autonomie à domicile sont en cours de regroupement avec les services polyvalents d'aide et de soins à domicile (Spasad), qui disposent d'une fonction de coordination. Un Spasad permet, par exemple, de coordonner le passage de l'infirmière avant celui de l'aide-soignante. Nous devons repenser l'organisation de l'offre avec un interlocuteur unique pour orchestrer à la fois les aides et les soins. »

* Réseau regroupant 2400 associations d'aide à domicile en milieu urbain ou périurbain.

PARTIE 3

MOBILISER SES RESSOURCES

Face aux coûts liés au vieillissement, les revenus de la personne ou de ses proches ne suffisent pas toujours. Si le premier réflexe consiste alors à puiser dans son épargne, de nouvelles solutions émergent pour monétiser son domicile tout en continuant à l'habiter.

Vu les coûts liés à la mise en place d'une aide à domicile ou au placement en établissement, les aides accordées aux personnes en situation de handicap ou de perte d'autonomie ne suffisent pas toujours. D'autant qu'à l'arrivée à la retraite les revenus ont tendance à baisser. En moyenne, passer d'un salaire à sa pension équivaut à une perte moyenne de 25 % avec une carrière complète (étude Drees de 2015 sur la génération 1946). Cet écart, appelé également « taux de remplacement », affiche de grandes disparités selon les catégories professionnelles. Quant à la baisse des charges à la retraite (plus d'enfants à charge, plus de crédit immobilier, etc.), supposée compenser le manque à gagner sur la pension, elle ne profite pas équitablement à tout le monde.

Il faut alors chercher d'autres ressources en mobilisant ses liquidités, comme les livrets bancaires, mais aussi son patrimoine financier ou immobilier. En France, 57,5 % des ménages sont propriétaires de leur résidence principale (chiffre Insee, 2021). Pour beaucoup, cet actif est le seul bien du patrimoine familial. Des solutions innovantes permettent aujourd'hui de « monétiser » cette résidence principale, tout en continuant à l'habiter.

Pierre, 77 ans

« Le reste à charge pour payer les services d'aide à domicile est très élevé. »

« Avec mon épouse, nous avons épargné pendant plus de vingt ans pour payer le crédit de notre maison. La retraite venue, nos pensions ne nous permettaient plus d'épargner, d'autant que nous voulions nous faire enfin plaisir. L'arrivée des premières difficultés de santé nous a obligés à faire des choix. Aujourd'hui, malgré les aides que nous percevons, le reste à charge pour payer les services d'aide à domicile est très élevé. Avec nos deux enfants, j'ai évoqué le sujet de la vente de notre bien en viager, mais l'un comme l'autre y sont opposés, car ils tiennent à garder notre maison familiale, où leurs enfants étudiants aiment trouver refuge. Ils ont préféré mettre en place chacun un virement mensuel pour me soulager. Bien sûr, cette solution ne me convient pas, mais je n'ai guère eu d'autre choix que d'accepter leur aide. »

DEMANDE DE PRÊT

UTILISER L'ÉPARGNE EXISTANTE

Assurance vie, plan d'épargne retraite (PER), plan d'épargne en actions (PEA), plan d'épargne entreprise (PEE), plan d'épargne retraite collective (Perco)… Autant d'outils d'investissement ouverts à tous les particuliers et permettant de se créer des revenus futurs. Selon le type de plan ouvert, il est possible d'effectuer des versements libres ou programmés (virement à échéance fixe), qui vont alimenter son capital au fil des années. Mais attention à la liquidité, car, en fonction du degré d'urgence pour répondre à ses besoins, mobiliser son épargne n'est pas toujours simple. En effet, selon l'enveloppe d'investissement choisie, l'argent épargné sur un contrat peut être disponible immédiatement ou non. Avec le PEA ou l'assurance vie – les deux enveloppes historiques détenues par les investisseurs français –, les fonds restent disponibles. En effet, si leur blocage pendant cinq à huit ans procure une fiscalité allégée sur les plus-values ou les intérêts réalisés, l'épargnant peut récupérer sa mise à tout moment. À l'inverse, d'autres enveloppes de placements comme le PER ou le Perco sont des produits souvent qualifiés de « tunnels ». Les avoirs détenus sur ces plans ne sont, en effet, accessibles qu'en fin de carrière. S'ils permettent de se constituer des revenus complémentaires pour la retraite, ils ne sont donc pas adaptés à la survenance soudaine de la dépendance ou au besoin d'adapter rapidement son logement.

300 €

C'est la somme qu'il faut verser chaque mois sur une enveloppe de placement (assurance vie, PER, etc.) pendant une durée de vingt ans pour obtenir un capital de 100 000 €, avec une hypothèse de rendement du capital de 3 % par an. Mieux vaut donc commencer à épargner tôt.

Les déblocages anticipés

Ces produits « tunnels » prévoient tout de même quelques cas de déblocage anticipé, correspondant aux événements (mariage, pacs, naissance, etc.) ou aux accidents de la vie (décès, surendettement, fin de droits au chômage, etc.). L'invalidité figure également parmi les accidents de la vie permettant de débloquer son PER ou son Perco. Elle peut concerner le titulaire du contrat, mais aussi son conjoint ou partenaire, ou ses enfants. Pour obtenir le déblocage, l'invalidité doit correspondre à la catégorie 2 (impossibilité d'exercer toute profession) ou 3 (impossibilité d'exercer toute profession et obligation de recourir à une tierce personne pour effectuer les actes ordinaires de la vie courante) de la Sécurité sociale. À noter que la survenance d'une invalidité de 2e ou 3e catégorie peut avoir des conséquences sur la fiscalité : en matière d'assurance vie, l'épargnant est exonéré d'impôt s'il effectue des prélèvements à la suite d'un accident de la vie.

L'achat de la résidence principale est une autre cause offrant la possibilité d'un déblocage anticipé. C'est le cas dans un Perco ou un PER, tandis que le PEE y ajoute la possibilité d'agrandissement de la résidence principale.

Rente ou capital ?

En fonction des besoins, la plupart des enveloppes permettant de loger son épargne offrent le choix entre une sortie en rente ou en capital. Dans tous les cas, il est possible de transformer un capital en rente (lire ci-dessous). Avec un PER, le titulaire du plan peut commencer à interroger son gestionnaire sur les modalités de restitution de son épargne à partir de cinq ans avant la retraite. Au moment où l'épargnant atteint l'âge légal de départ ou liquide sa retraite obligatoire, le PER lui permet d'activer l'une des deux options : recevoir un capital ou toucher une rente. La rente peut même être versée à un bénéficiaire désigné au contrat (mécanisme de réversibilité). Quant au capital, il peut être libéré en une seule fois ou versé de manière fractionnée. Avec le Perco, l'épargne accumulée est généralement liquidée sous forme de rente viagère. Mais une partie peut être récupérée en capital si le règlement du plan le prévoit.

TIRER DES REVENUS D'UN CAPITAL

Si vous disposez d'un capital, une banque ou un assureur peut le transformer en rente viagère. Une opération qui s'adresse, par exemple, à des personnes sans enfants à qui transmettre leur héritage. Comme pour une opération de viager, vous êtes alors assuré de percevoir un revenu régulier jusqu'à votre décès, qui dépend du montant du capital de départ et de votre âge, selon une grille préétablie basée sur l'espérance de vie. Ainsi, convertir aujourd'hui un capital de 100 000 € à 65 ans permet de recevoir une rente mensuelle de 282 €. Et le montant de la rente est revalorisé chaque année (environ 2 % actuellement). Pour protéger les proches en cas de décès prématuré, une option de réversion est possible, mais elle a un coût (10 à 15 % de la rente, selon le taux de réversion). De même, il est possible de souscrire une option annuités garanties, qui sécurise le versement de la rente pendant cinq à vingt ans pour un coût moins élevé que l'option réversion (1 % de la rente pour une garantie de versement sur dix ans). Attention, pour mettre en place une rente, les assureurs prélèvent des frais de l'ordre de 3 % du capital initial.

ACCÉDER À L'EMPRUNT

Pour financer la dépendance ou acquérir un logement mieux adapté au vieillissement, les seniors peuvent avoir recours au crédit. Cependant, s'il n'existe pas d'âge limite légal pour emprunter, les assureurs restreignent son accès aux seniors, soit en fixant une limite en fonction de l'âge qu'il aura en fin de prêt (en général à 75 ans dans le cadre d'un emprunt immobilier), soit en fixant des tarifs très élevés. En effet, le risque est d'autant plus fort pour les assureurs que le départ à la retraite est généralement synonyme de baisse des revenus. En matière de crédit immobilier, un senior accède à la même grille tarifaire qu'un jeune et obtient le même taux d'intérêt, mais il est pénalisé sur l'assurance du crédit, dont le taux peut être cinq à six fois supérieur à celui d'un emprunteur plus jeune. Dans ce cas, il risque de ne pas pouvoir emprunter, car il va dépasser le taux d'usure, soit le taux plafond fixé par la réglementation pour le crédit. Toutefois, des solutions existent. Certaines banques acceptent, par exemple, de sortir l'assurance décès du calcul du taux, afin de passer sous le seuil de l'usure. D'autres acceptent de couvrir l'emprunt en prenant une hypothèque sur un autre bien ou un contrat d'assurance vie, par exemple. Enfin, il existe une solution adaptée aux personnes empruntant avec un risque de santé aggravé : Aeras (s'assurer et emprunter avec un risque aggravé de santé). Cette convention permet aux personnes qui ne peuvent obtenir une couverture d'assurance standard du fait de leurs pathologies de bénéficier de deux dispositifs. Le premier est le droit à l'oubli, qui permet à d'anciens malades de ne plus déclarer leurs anciennes pathologies après un délai (dix ans après la fin du protocole thérapeutique et sans rechute en cas de cancer). Et pour les pathologies qui ne bénéficient pas de ce droit à l'oubli, la convention Aeras plafonne le coût de l'assurance en fonction d'une grille de référence.

À SAVOIR

CUMULER EMPLOI ET RETRAITE

Si vous avez obtenu tous les droits à la retraite (de base et complémentaire), il est possible de cumuler votre pension avec des revenus issus d'une activité professionnelle. Jusqu'à présent, ce dispositif ne permettait pas d'améliorer sa pension en acquérant de nouveaux droits. Mais la réforme des retraites ouvre cette possibilité pour les pensions liquidées à partir du 1er septembre 2023.

1680 €

C'est le revenu mensuel médian net d'impôts des Français de 75 ans et plus constaté en 2016. Un chiffre inférieur de 2 % à l'ensemble de la population (source : rapport Insee Première, mars 2023).

ANTICIPER AVEC UN CONTRAT DÉPENDANCE

De 1 million de personnes âgées dépendantes en 2018, la France devrait passer à 2 millions en 2040, jusqu'à atteindre 2,3 millions en 2060, selon l'Insee. Pour se prémunir contre le risque de perte d'autonomie, il est possible de souscrire une garantie dépendance proposée dans le cadre de contrats dits « de prévoyance ». Généralement accessibles à la souscription entre 40 et 75 ans, ils permettent de régler les frais de services à la personne, de soins, ou d'hébergement en maison de retraite en complément des aides collectives, comme l'Apa, plafonnées en fonction des revenus et du niveau de dépendance. En cas de survenance de la dépendance, ces contrats versent soit un capital, soit une rente mensuelle à la personne. À l'inverse, si l'assuré conserve son autonomie, les cotisations versées sont perdues. Ces contrats peuvent être souscrits de manière individuelle auprès de son assureur ou de sa mutuelle. Sur la base d'un questionnaire médical, l'assureur accepte ou non de couvrir la personne, et peut lui imposer une surprime en cas de risque de dépendance élevé. La cotisation mensuelle peut aussi varier en fonction du montant de rente souhaité. Il existe également des contrats collectifs, proposés notamment dans les entreprises. Dans ce cas, l'employeur peut participer au financement du contrat, qui peut aussi couvrir le conjoint.

Surveiller les clauses du contrat souscrit

Le déclenchement de la garantie passe par une évaluation de la dépendance par l'assureur, en fonction des critères définis au contrat. Ces critères portent surtout sur la capacité physique ou psychique d'effectuer les gestes de la vie quotidienne en toute autonomie, à la suite d'une maladie, d'un accident ou d'un handicap constaté par une équipe médicale. Cette notion de perte d'autonomie est variable d'un contrat à l'autre, et les assureurs restent libres d'utiliser les modalités de leur choix pour l'évaluer. Ils peuvent s'appuyer sur la grille AVQ (activités de la vie quotidienne), qui teste la capacité de réaliser les cinq actes de la vie courante: se lever, se déplacer, s'habiller, s'alimenter et faire sa toilette. D'autres assureurs font le choix de s'appuyer sur la grille Aggir (utilisée pour l'attribution de l'Apa), ou sur un test cognitif. Autre différence majeure selon les contrats: ils peuvent garantir soit la dépendance totale, soit la dépendance partielle. S'ils couvrent la dépendance totale – souvent reconnue si la personne ne peut accomplir seule au moins quatre des cinq AVQ –, la rente prévue au contrat est versée intégralement. En cas de dépendance partielle (incapacité d'effectuer trois des cinq AVQ), l'assureur ne verse qu'un pourcentage de la rente prévue pour la dépendance totale. Ces différences échappent parfois à l'assuré ou à ses enfants et peuvent engendrer de l'incompréhension. Difficile, en effet, d'admettre un refus de prise en charge de la part de l'assureur alors que la personne a cotisé pendant des années et que la dépendance semble évidente. En décembre 2022, l'Autorité de contrôle prudentiel et de résolution (ACPR), qui contrôle les pratiques du secteur de l'assurance, dénonçait les limites criantes de certains contrats dépendance, dont il faut bien lire les petites lignes. Exemple: lorsque le contrat implique l'impossibilité de s'alimenter seul, un assureur va indiquer que cet état est atteint si l'assuré ne peut plus couper seul ses aliments, tandis qu'un autre retiendra l'impossibilité de boire seul.

Réagir dès la survenance de la dépendance

Autre sujet de frictions: les contrats d'assurance dépendance intègrent des délais permettant à l'assuré de différer la prise en charge. À la souscription, il existe un délai de carence, classique dans le milieu de l'assurance, pendant lequel l'assuré n'est pas garanti en cas de survenance de la dépendance, sauf en cas de dépendance à la suite d'un accident. Ce délai de carence peut atteindre jusqu'à trois ans à partir de la souscription en cas de maladie neurodégénérative. L'ACPR a même isolé un contrat où le délai de carence grimpe jusqu'à… cinq ans ! Autre point à surveiller : le délai de franchise, qui exonère l'assureur de verser les sommes dues pendant une durée souvent établie à trois mois. Dans ce cas, une fois l'état de dépendance reconnu, l'assureur attend quatre-vingt-dix jours avant de verser la rente. Pour obtenir une prise en charge au plus vite, la date de reconnaissance de l'état de dépendance est donc primordiale. Elle est fixée par l'assureur, après réception de la demande de prestation et au terme de l'instruction médicale du dossier, effectuée par un médecin-conseil de l'assureur. Pour gagner du temps sur la prise en charge, les assureurs peuvent tenter de reculer la date de reconnaissance de la dépendance. En effet, s'il est facile de déterminer le point de départ du délai de franchise en cas d'accident, d'hospitalisation ou de placement en institution, ce n'est pas toujours le cas pour une perte d'indépendance progressive. L'ACPR recommande alors aux professionnels d'indemniser l'assuré au plus près de la survenance de la dépendance et de ne jamais différer le versement de la rente à une date postérieure à la date de demande de prestation par l'assuré.

2,5 ans

Il s'agit de la durée moyenne de versement des prestations par les assureurs une fois la dépendance reconnue, selon l'ACPR.

À SAVOIR
ET L'ASSURANCE VIE?

La dépendance peut être proposée en option, en tant que garantie complémentaire, dans des contrats d'assurance vie. Son principe est simple: si l'assuré devient dépendant, une part du capital qui doit être versée aux bénéficiaires désignés dans le contrat en cas de décès est transformée en rente mensuelle au profit de l'assuré.

UN LABEL QUALITÉ POUR LES MEILLEURS CONTRATS

Pour mieux identifier les bons contrats, la fédération des assureurs français (France Assurance) dispose d'un label baptisé « Garantie assurance dépendance » (GAD). Il est accordé aux contrats d'assurance dépendance qui respectent certains critères, comme le versement d'une rente minimale de 500 € en cas de dépendance lourde, l'absence de sélection médicale (questionnaire ou examen) pour toute souscription avant l'âge de 50 ans, le maintien partiel des droits en cas d'interruption de paiement des cotisations, un délai de franchise de trois mois maximum, ou encore la possibilité de souscrire jusqu'à 70 ans.

MONÉTISER SON DOMICILE AVEC LE VIAGER

Avec moins de 10000 opérations par an, la vente en viager n'a jamais décollé en France. Cette solution patrimoniale qui permet de vendre son logement en contrepartie d'une rente à vie souffre de deux inconvénients, souvent jugés indignes. La première est d'ordre éthique, puisqu'il s'agit d'un pari sur la mort. En effet, l'acheteur (le débirentier, en termes techniques) cesse de verser la rente du bien mis en viager au décès du vendeur (le crédirentier). L'aléa propre à ce type de contrat est donc un pari sur la mort du vendeur. La seconde est financière. Elle prive en effet l'éventuel héritier d'un capital à venir lors de la succession, puisqu'une part de la valeur du bien est payée en rente, donnant ainsi l'impression d'amputer le patrimoine familial du solde restant. Avec des enfants, il est donc très difficile de convaincre un senior de mettre en place cette solution. D'autant qu'une fois le contrat signé il est impossible de changer d'avis : l'opération de viager est irréversible et prive définitivement les héritiers du bien de leur parent. Ces conditions expliquent le manque d'intérêt actuel pour le viager. Mais la situation pourrait changer.

85 % | **C'est la part des personnes ayant des enfants et qui ne se déclarent pas prêtes à vendre leur logement en viager (seulement 52 % sans enfants), selon une étude OpinionWay réalisée en 2020. Pourtant, une autre étude effectuée en 2021 indique que 67 % des enfants qui héritent de la résidence principale de leurs parents ont l'intention de la mettre en vente.**

Obtenir jusqu'à 30 % du bien avec le viager classique

Sachant que les seniors de plus de 70 ans sont propriétaires de leur résidence principale à 71 % selon l'Insee, le patrimoine immobilier ainsi immobilisé représente des milliards d'euros, bloqués jusqu'au décès. Dans ces conditions, le principe du viager peut être doublement utile : d'une part pour l'usage personnel du vendeur. Avec la somme versée immédiatement, soit entre 20 et 30 % du prix du bien en moyenne, le vendeur peut faire face à ses dépenses ou se faire plaisir, à l'heure où les revenus ne sont plus en phase avec les besoins. Grâce au viager, le vendeur dispose immédiatement d'un pécule et se crée un revenu régulier pour le restant de ses jours. Une bonne manière de compléter sa retraite et de rester financièrement indépendant, notamment vis-à-vis de ses enfants. D'autre part, l'opération peut servir à aider plus rapidement des héritiers ou des proches. En effet, avec l'allongement de la durée de vie, les seniors transmettent leur patrimoine à leurs héritiers de plus en plus tard. Soit lorsque ces derniers ont 57 ans en moyenne, selon une étude de l'Insee de 2018. Un âge où les héritiers ont de grandes chances d'avoir déjà constitué leur propre patrimoine. S'il n'existe pas d'âge idéal pour songer à la vente en viager, la plupart des transactions concernent la tranche 75-85 ans. Avant, les acheteurs se font rares, et la rente est trop faible. Après, le montant élevé de la rente dissuade les investisseurs.

Avant de signer une opération de viager, plusieurs précautions doivent être prises pour protéger le vendeur, d'abord avec une clause d'indexation. Obligatoire dans une opération de viager, elle permet de se protéger contre l'inflation. Pour cela, sachant que le choix de l'indice sur lequel va s'appuyer la revalorisation est libre, le vendeur doit opter pour l'indice mensuel des prix à la consommation (hors tabac). Autre précaution : le vendeur doit prévoir une clause de réversibilité de la rente au décès du premier conjoint. Si le vendeur est en couple, cette clause permettra au conjoint survivant d'obtenir un complément de revenus en continuant à percevoir la rente. Il est également possible d'intégrer une clause d'abandon de son droit d'usage et d'habitation, qui permet au vendeur de voir sa rente majorée s'il libère de son fait le bien dans un délai limité (départ dans une résidence secondaire, en maison de retraite, etc.). Exemple : cette majoration de rente peut atteindre 30 % si le bien est libéré moins de cinq ans après la signature de l'opération de viager. Ces précautions permettent de mieux sécuriser l'opération financière du viager.

À SAVOIR
ATTENTION À LA DONATION DÉGUISÉE

En France, près du tiers des transactions en viager sont effectuées avec un membre de sa famille. Il est en effet très tentant de vendre à un enfant pour maintenir le bien dans la famille, tout en permettant au senior de tirer des revenus de son domicile. Mais attention, si cette pratique est autorisée, elle est très encadrée, sous peine de la voir requalifiée en donation déguisée. D'autant que le fisc surveille de très près ces opérations en famille. Pour éviter tout risque, le montant de la rente ne doit pas être inférieur à celui qui aurait été fixé à tout autre acheteur.

À SAVOIR
LA MALADIE N'INTERDIT PAS DE VENDRE

Sans aléas sur l'espérance de vie du vendeur, une opération de viager peut être déclarée nulle. Une décision de la Cour de cassation, publiée le 18 janvier 2023, est venue préciser qu'un vendeur atteint d'une maladie chronique pouvait tout de même envisager la vente, à condition que l'acquéreur n'ait pas lui-même de compétences en médecine et ne sache pas si l'espérance de vie du vendeur est compromise. Dans ce cas, la vente en viager est bien valide, même si le vendeur décède prématurément. Dans le cas jugé, le vendeur n'a pas été emporté par sa maladie mais des suites d'une chute accidentelle. Si le vendeur succombe à sa pathologie dans un délai de 20 jours après la signature, la vente est, en revanche, réputée nulle (article 1975 du Code civil).

AVANTAGE SUPPLÉMENTAIRE SUR LES CHARGES ET TRAVAUX?

Le viager implique un transfert de la propriété, donc le vendeur ne supporte plus la taxe foncière et n'a plus à payer les gros travaux. Il ne paie plus que les travaux d'usage incombant au locataire, comme les réparations courantes. Exemple classique: l'entretien de la chaudière reste à la charge du vendeur, mais son remplacement en cas de vétusté incombe à l'acheteur. Et si le vendeur était soumis à l'impôt sur la fortune immobilière (IFI), il n'est plus redevable de l'impôt sur la pleine propriété du bien. Le barème fiscal permet en effet de partager la valeur entre nu-propriétaire et usufruitier, avec une décote en fonction de l'âge de ce dernier (article 669 du Code général des impôts). Exemple: après 81 ans, le vendeur ne doit plus déclarer que 30 % de la valeur du bien.

Ils répondent

Dominique Charrier,
fondateur de Viager éthique*

« Le viager est d'abord un pari sur une vie meilleure. »

« Au cours de ma carrière, j'ai réalisé 1 300 viagers, et pas seulement en région parisienne ou sur la Côte d'Azur, où l'on a tendance à enfermer le viager. Le marché principal se concentre sur des maisons d'une valeur comprise entre 350 000 et 400 000 €, dans des villes de plus de 25 000 habitants, ce qui correspond à peu près à la liste des 244 villes en revitalisation éligibles au dispositif de défiscalisation immobilière Denormandie. Parmi les critères, la présence d'un hôpital avec un service d'urgences accessible en moins de trente minutes est primordiale. Ce marché est plutôt dynamique, notamment grâce aux néoretraités qui reviennent chez eux après une carrière ailleurs. Mais attention à bien privilégier les agents immobiliers qui travaillent dans l'intérêt du vendeur. Des clients potentiels m'appellent parfois pour une annonce déposée sur mon site en me demandant si la personne a de fortes chances de mourir prochainement. Dans ce cas, je raccroche immédiatement. Le viager est un problème humain auquel il faut répondre par de l'humain. Une trentaine d'officines spécialisées réalisent des opérations en France. Les notaires en font très peu, car monter un viager exige beaucoup de temps. Nous affrontons plusieurs peurs chez nos clients : la peur de mourir et de mal vieillir, bien sûr, mais aussi la peur de manquer d'argent ou d'affection. Et puis la peur de s'engager, de vendre son bien et de signer le contrat définitif. Ces réticences expliquent largement la part très modeste du nombre de transactions en France, soit environ 8 000 à 10 000 viagers par an, qui représentent moins de 1 % des transactions immobilières. Pourtant, l'opération peut être utile, notamment le viager sans rente, que je préconise. Il est absurde d'hériter aux deux tiers de sa vie, et donner 100 000 € à des enfants de 50 ans peut leur être plus utile que le double de cette somme à 60 ans. Des grands-parents peuvent même en profiter pour donner à leurs petits-enfants. Je dis toujours qu'avant d'être un pari sur la mort pour l'acheteur le viager est d'abord un pari sur une vie meilleure du vendeur, qui va pouvoir en profiter et en faire profiter ses proches. »

* Société spécialisée dans l'expertise et le conseil immobilier en viager.

LES ALTERNATIVES AU VIAGER CLASSIQUE

Alors que le viager est souvent perçu comme une opération privant les héritiers d'une partie des sommes qu'ils pourraient percevoir au décès de leur parent, plusieurs solutions alternatives au viager classique permettent aujourd'hui de vendre un bien sans les pénaliser. Encore méconnues par les particuliers et parfois ignorées par les notaires ou par les banques, ces solutions ont pour objectif commun d'offrir dès la signature de la vente une somme bien plus élevée que le (maigre) bouquet du viager. Cette stratégie permet d'une part de ne pas désavantager les héritiers – le vendeur étant libre de leur consentir une donation avec la somme reçue – et d'autre part de limiter l'aléa lié à la durée de la rente, celle-ci étant réduite à sa portion congrue, voire absente.

Solution n° 1: Le viager occupé sans rente

Encore minoritaire, ce type de viager permet de recevoir non pas une partie de la valeur du bien, mais la totalité, payée comptant dès la signature de l'acte, tout en continuant à l'occuper. Le vendeur ne perçoit ensuite aucune rente viagère en fonction de sa longévité, ce qui permet à l'opération d'être mieux accueillie dans les familles, alors que le viager classique est souvent source de mésentente.

À SAVOIR

Et si les Français propriétaires acceptaient bientôt de céder de leur vivant une partie de leur logement ? Cette solution, qualifiée de « propriété dégressive », est bien acceptée dans le monde anglo-saxon. Aux États-Unis et au Royaume-Uni, les fonds de dette Heloc (*Home Equity Lines Of Credit*) permettent d'emprunter 85 % de la valeur du bien. La somme permet au vendeur de rester chez lui tout en profitant d'une épargne qu'il peut utiliser à sa guise. Il doit ensuite rembourser le montant emprunté sur des durées très longues (jusqu'à trente ans).

Solution n° 2: Les fonds de viager

Avec cette formule, des institutionnels (assureurs, sociétés de gestion, etc.) achètent des biens immobiliers en viager occupé et mutualisent le risque en les logeant dans des fonds d'investissement, voire dans des sociétés civiles immobilières (SCI). Lors de la signature de l'acte, le vendeur perçoit une somme immédiate qui peut atteindre jusqu'à 80 % du prix du bien. Comme pour un viager traditionnel, il reçoit à côté un complément de revenus – la rente viagère – revalorisé chaque année. Avantage: le vendeur ne paie plus la taxe foncière ni les charges. Cette solution est accessible essentiellement par Certivia, qui sélectionne les dossiers proposés par les vendeurs.

LE VIAGER EN MODE SOLIDAIRE!

Sur le même modèle mutualisé que les fonds de viager, l'opération de viager se décline aujourd'hui en mode solidaire, par l'intermédiaire de coopératives d'intérêt collectif comme Les 3 Colonnes. Avec ce système qui s'adresse aux propriétaires âgés de plus de 75 ans, la personne vend son bien à la coopérative, qui lui laisse le droit d'habiter dans le logement à vie, tout en lui versant une somme équivalente à au moins cinq ans des rentes qu'elle perçoit ensuite tous les mois. À son décès, les biens sont « recyclés » dans le système: la coopérative ne perçoit rien sur la plus-value éventuelle réalisée, et elle vendra ou louera le logement à de jeunes ménages primo-accédant ou en location intergénérationnelle.

Solution n° 3: Le prêt viager hypothécaire

Le prêt viager hypothécaire permet d'obtenir jusqu'à 60 % de la valeur du bien, accordé sans justificatif, quels que soient le besoin ou le projet du vendeur (complément de retraite, travaux, etc.), à l'exception du financement d'une activité professionnelle. Celui-ci n'a pas à rembourser le prêt tous les mois, puisqu'il s'agit d'un prêt *in fine*. Le prêt s'arrête si le vendeur décide de le rembourser par anticipation, s'il vend le bien, ou au moment de la succession, permettant ainsi de conserver jusqu'au bout le bien dans le patrimoine familial. Ainsi, à la différence du viager, où le contrat est définitif, le prêt viager hypothécaire permet de changer d'avis sur l'affectation du bien en cours de route. Et les héritiers continuent à bénéficier de la hausse éventuelle des prix de l'immobilier, puisque la propriété du bien n'est pas transférée. Le dispositif du prêt viager hypothécaire est proposé par certains acteurs comme Arrago (avec le Crédit foncier communal d'Alsace et de Lorraine), Sofiap filiale de La Banque Postale, la plateforme de courtage Skarlett ou la solution Reversimmo du Crédit foncier de France (réseau Banque populaire).

À SAVOIR

Dans le cadre d'une opération de prêt *in fine* telle que le prêt viager hypothécaire, il n'existe pas de transfert de la propriété comme avec un viager classique. La taxe foncière, les travaux de copropriété et l'éventuel impôt sur la fortune immobilière restent ainsi à la charge du vendeur.

Solution n° 4: Le prêt avance rénovation

Baptisé « prêt avance mutation » lors de son lancement, le prêt avance rénovation est une forme de prêt hypothécaire avec un montant emprunté par le vendeur remboursé *in fine*, c'est-à-dire lors de la vente finale du logement ou avec la succession. Ce prêt est garanti par une hypothèque sur le bien, assortie d'une garantie de l'État à hauteur de 75 %. Mais, attention, ce prêt proposé depuis le 1er janvier 2022 aux ménages modestes, et accessible auprès de la Banque Postale ou du Crédit Mutuel, doit être affecté uniquement à la réalisation de travaux de rénovation énergétique.

24 % **C'est la part des Français habitant une maison individuelle et devant renoncer à des travaux de rénovation, faute de moyens (source: rapport Sichel sur la rénovation énergétique des logements privés, mars 2021).**

Solution n° 5: La vente de la nue-propriété

Le démembrement de propriété permet de vendre la nue-propriété de son bien immobilier pour en tirer un paiement immédiat de 50 à 70 % de son prix, tout en continuant à l'habiter avec un usufruit conservé pour une longue durée (jusqu'à vingt ans). En théorie, rien n'empêche une banque de mettre en place un tel montage avec un notaire qualifié. Mais en pratique il est quasiment impossible de l'obtenir de son établissement. D'autres acteurs comme Virage-Viager ou Monetivia s'en sont fait une spécialité. Par rapport au viager classique, Monetivia prévoit que, si le vendeur décède prématurément pendant la durée de conservation de l'usufruit, les héritiers perçoivent un complément de prix, qui permet de toucher au moins 95 % de la valeur du bien. Et le contrat permet le versement par l'assureur d'une rente complémentaire à l'acheteur si le vendeur est encore en vie plus de quinze ans après la mise en place du contrat. À moins que le vendeur décide alors de quitter les lieux: dans ce cas, c'est lui qui perçoit la rente complémentaire versée. Une formule adaptée aux familles qui ne souhaitent pas prendre de risque sur l'aléa de la longévité.

Hervé, 68 ans

« Avec la vente de la nue-propriété sur mon appartement, je suis moins regardant sur mon budget au quotidien. »

« En vendant la nue-propriété de mon appartement, j'ai pu obtenir immédiatement une somme de 70 000 € et une rente mensuelle proche de 600 €. La somme débloquée m'a permis de refaire ma cuisine et ma salle de bains, et de me payer le beau voyage de quinze jours en Indonésie dont je rêvais. Et avec la rente, je dois moins regarder mon budget au quotidien. Je peux ainsi gâter mes petits-enfants, inviter mes amis au restaurant et m'offrir des petits plaisirs jusqu'ici interdits. Enfin, j'ai aussi l'esprit plus libre en termes financiers, car désormais je ne paie plus ni la taxe foncière ni les travaux de copropriété. »

PARTIE 4

ENTRETENIR SA MOBILITÉ

Pour préserver son autonomie à domicile et conserver ses facultés, bouger est essentiel. Si l'accent est aujourd'hui mis sur la prévention de la chute avec l'aménagement du logement, de nouvelles solutions de mobilité alternatives et solidaires doivent permettre de continuer à se déplacer hors du domicile.

Toutes les études soulignent l'importance de la mobilité pour les seniors. Cette notion souvent associée aux moyens de transport doit être abordée sous un prisme élargi. La mobilité, ce sont d'abord les possibilités de bouger et de pratiquer des activités physiques adaptées, qui peuvent, dans certains cas, être prescrites par le médecin. Pour faciliter cette mobilité à domicile, le chez-soi doit être approprié. Alors que les équipements du logement pour les seniors sont souvent perçus comme stigmatisants, des travaux d'accessibilité ou d'aménagement permettent de retarder le départ en institution. La mobilité passe également par les moyens mis à la disposition des personnes âgées pour se déplacer, chez elles ou en dehors du domicile, à pied, en voiture ou en transports en commun. Les seniors doivent pouvoir continuer à conduire, à condition de modifier leurs habitudes, et ce le plus longtemps possible. Ceci afin de préserver leur autonomie et leur liberté. Et de multiples solutions de déplacement alternatives et solidaires émergent à destination des seniors. Demain, la ville devra être capable de s'adapter à leur rythme et à leurs attentes, en bâtissant dans un chaque territoire un environnement moins hostile aux personnes âgées qu'il ne l'est aujourd'hui.

Ils se sont racontés... Jacqueline, 91 ans

« Accepter de réduire sa mobilité »

« La Sécurité sociale m'a envoyé un courrier à mes 90 ans pour évaluer ma mobilité. Leur critère: savoir si je peux me lever de ma chaise sans prendre appui, ce dont je suis encore tout à fait capable. Je ne prends plus les transports en commun, car j'ai peur d'être bousculée ou de perdre mes moyens, mais je suis solide et je me déplace tous les jours pour faire mes courses. J'effectue tous mes déplacements à pied pour acheter le pain, aller à la banque, au supermarché ou chez le coiffeur deux fois par semaine. Progressivement, j'ai réduit mon périmètre à un rayon de quinze minutes autour de chez moi, car je ne marche plus aussi bien qu'avant. Avec l'âge, il faut accepter de réduire sa mobilité et de limiter son horizon en termes de distance. Même à la maison, j'ai dû renoncer à grimper sur un escabeau pour nettoyer mes vitres, épousseter le haut de mes placards ou retirer mes rideaux pour les laver. Autant de tâches pour lesquelles je risquerais de chuter. Mais cette situation ne me prive de rien. Veuve depuis plusieurs années, je fréquente même un club de seniors financé par la mairie et ouvert six jours sur sept, où je peux jouer aux cartes ou au Scrabble. Et je n'ai aucun regret, car avec mon mari nous en avons bien profité. Nous avons eu la chance de voyager en Europe, au Canada ou aux États-Unis. Je me souviens d'une sortie en rafting sur le Colorado. Mon mari, qui ne savait pas nager, était terrifié, mais nous nous sommes bien amusés ! »

BOUGER POUR PRÉVENIR LA CHUTE

En février 2022, le gouvernement a dévoilé son plan national antichute des personnes âgées, avec l'objectif de réduire de 20 % d'ici 2024 les chutes mortelles ou invalidantes des personnes de 65 ans et plus. En effet, les plus de 65 ans enregistrent 2 millions de chutes par an, qui entraînent 130 000 hospitalisations et 10 000 décès. Les chutes entraînent une incapacité et peuvent avoir un impact psychologique très négatif, la personne pouvant ensuite redouter le moindre déplacement et finir par limiter ses mouvements. Même en vieillissant, une chute sans cause évidente n'est pas normale. Si l'origine peut être multiple (trouble sensoriel, problème d'équilibre, problème cardiaque ou neurologique, etc.), déterminer la cause en consultant son médecin traitant est indispensable pour prévenir d'une autre chute, qui pourrait entraîner une hospitalisation.

Pour les pouvoirs publics, la prévention des chutes passe par une attention portée à la santé, à l'aménagement du logement ou encore à l'équipement avec du matériel pour faciliter les déplacements. Côté santé, outre des consultations médicales régulières, l'activité physique constitue la meilleure arme contre la chute. Les plus de 65 ans sont donc orientés vers des programmes d'activités adaptées à leurs besoins, notamment au sein des maisons « sport santé ». Une expérimentation dite « panier de soins » est en cours de test dans cinq régions. Elle prévoit une consultation médicale pour permettre d'évaluer les besoins avant l'intervention coordonnée de trois professionnels : un intervenant en activité physique adaptée, un diététicien et un ergothérapeute.

À SAVOIR

Une carte en ligne disponible sur ars.sante.fr permet de localiser les services près de chez soi en lien avec la prévention des chutes. Il peut s'agir de services d'un ergothérapeute ou d'associations pour pratiquer une activité physique adaptée.

SOLLICITER UN ERGOTHÉRAPEUTE

Ce spécialiste réalise un audit des besoins de la personne âgée ou handicapée à son domicile avant de préconiser les travaux et les aménagements à effectuer en fonction de ses aptitudes et ses habitudes. Un annuaire des professionnels est accessible sur le site de l'Association nationale française des ergothérapeutes (anfe.fr). Son intervention peut être réglée en partie avec l'Apa. Les retraités Agirc-Arrco de plus de 75 ans peuvent bénéficier des conseils d'un ergothérapeute en sollicitant le service « Bien chez moi », pour une participation forfaitaire modeste (15 €).

VIVE LE SPORT SUR ORDONNANCE!

Depuis le 1er avril 2023, les personnes en situation de perte d'autonomie peuvent se faire prescrire des activités physiques adaptées tout comme les patients atteints de maladies chroniques (décret n° 2023-235 du 30 mars 2023). Ces activités sont dispensées pendant trois mois à raison de deux ou trois séances d'exercices par semaine avec un masseur-kinésithérapeute, un ergothérapeute ou un psychomotricien. Le dispositif est étendu notamment à tous les bénéficiaires de l'Apa et aux titulaires de la carte mobilité inclusion. Jusqu'ici, cette prescription était réservée aux patients souffrant d'une affection longue durée (ALD).

AMÉNAGER SON LOGEMENT

Pour bien vieillir à domicile, l'adaptation du logement est cruciale, surtout face au risque de perte d'autonomie. Or les personnes réalisent les aménagements bien trop tard et dans l'urgence, au risque de multiplier les chutes. Pour bien s'équiper, le recours à un ergothérapeute est conseillé. Sa visite est prise en charge dans le cadre de l'Apa. Le logement peut être équipé de barres d'appui, de mains courantes, d'un siège de douche, d'un chemin lumineux pour la nuit, de bandes antidérapantes sous les tapis ou d'une fixation au sol de ces derniers. Il est aussi possible d'adapter les pièces en remplaçant les sols glissants, en adaptant la hauteur des étagères et des placards pour en faciliter l'accès, en installant une douche à l'italienne ou des WC surélevés dans la salle de bains. Outre les aménagements, il est aussi conseillé de permettre aux seniors de désencombrer le logement afin de favoriser des passages confortables. Et la prévention des chutes passe également par un matériel mieux adapté (canne, déambulateur, fauteuil roulant, rampe d'accès, etc.) pour faciliter les déplacements en intérieur comme à l'extérieur. Ces équipements, ou aides techniques, jouent un rôle prépondérant pour contribuer à maintenir ou améliorer l'autonomie et la qualité de vie. Sous conditions de revenus, plusieurs dispositifs peuvent contribuer à la mise en place de ces équipements, notamment les programmes Habiter facile de l'Agence nationale de l'habitat (Anah) et Bien vieillir chez soi de la Caisse nationale d'assurance vieillesse (Cnav). Début 2024, ces deux dispositifs d'aide financière et technique seront remplacés par un guichet d'aide unique : Ma Prime Adapt' (lire ci-dessous). En outre, les ménages peuvent bénéficier d'un crédit d'impôt de 25 % (plafonné à 10 000 € pour un couple et à 5 000 € pour une personne seule) afin de réaliser des travaux d'accessibilité du logement ou d'aménagement du logement au handicap. La liste des nombreux équipements éligibles figure dans le Code général des impôts (article 18 *ter*, annexe IV).

OBTENEZ DES CONSEILS EN MATIÈRE D'ÉQUIPEMENTS

Qu'il s'agisse d'équiper votre logement, d'adapter votre véhicule ou d'acquérir des aides techniques (fauteuil roulant, appareil auditif, etc.), les centres d'information et de conseil en aides techniques (Cicat) peuvent vous aider dans vos démarches, quels que soient votre âge, votre handicap ou votre niveau d'autonomie. L'évaluation des besoins peut être réalisée par des ergothérapeutes dans les locaux des Cicat, lors de consultations à l'hôpital ou de visites à domicile. Actuellement, il existe 21 centres répartis dans 20 départements, auxquels s'ajoutent 24 équipes locales d'accompagnement sur les aides techniques (Eqlaat), un dispositif en cours d'expérimentation.

Ils répondent

Louise Faure,
cheffe du projet Ma Prime Adapt' à l'Agence nationale de l'habitat

« L'adaptation du logement au vieillissement est un critère qui sera de plus en plus regardé dans les annonces immobilières. »

« Les gens ont une tendance naturelle à chercher de l'aide lorsqu'ils rencontrent des problèmes, et une chute à domicile peut être soudaine et brutale. Or, l'adaptation du logement est encore le parent pauvre de la politique de rénovation, mais on ne peut pas contraindre les bailleurs à adapter tous les logements, comme c'est le cas pour la rénovation énergétique. Le ticket moyen est pourtant moins cher, soit environ 7 000 € pour l'adaptation. Nous voudrions rendre ce type d'opération normal, mais on a du mal à inciter les gens à y procéder. Lors de l'installation dans un logement, si ce dernier a été adapté au vieillissement, les nouveaux propriétaires ont même plutôt tendance à démonter les équipements, alors qu'ils peuvent servir à une famille, notamment avec enfants. Autre difficulté : il n'existe pas d'étiquette pour l'adaptation équivalente au diagnostic de performance énergétique pour la rénovation. La raison est simple : il existe autant de profils d'équipements possibles que de personnes, même si certains travaux sont des évidences, comme passer d'une baignoire à une douche. Donc la définition du logement adapté au vieillissement n'existe pas, alors que c'est un critère qui sera de plus en plus regardé dans les annonces immobilières. Notre objectif est d'inciter les personnes à adapter leur logement pour ne pas partir en institution. Dès le 1er janvier 2024, le dispositif Ma Prime Adapt' sera accessible aux locataires comme aux propriétaires. Il viendra fusionner les systèmes existants Bien vieillir chez soi (Cnav) et Habiter facile (Anah), ainsi que le crédit d'impôt. En associant les sommes de ce programme et les aides des collectivités, la personne pourra obtenir jusqu'à 15 000 € de subventions et un reste à charge limité. Ma Prime Adapt' est toujours réservée aux revenus modestes, et nous avons repoussé le critère de l'âge de 60 ans à 70 ans, sachant que la moyenne d'âge des dossiers reçus actuellement sur l'adaptation du logement atteint 85 ans. En contrepartie, nous avons fait sauter le critère du type de handicap et d'évaluation sur la grille Aggir. Pour y accéder et obtenir toutes les explications, les particuliers peuvent se tourner vers les guichets France services ou les espaces conseil Ma Prime Rénov', qui couvrent déjà 95 % des intercommunalités en France. Ils peuvent aussi joindre par téléphone les points rénovation info service ou se renseigner sur le site France Rénov' (france-renov.gouv.fr). »

RETARDER LA FIN DE LA CONDUITE

Pour lever les freins à la mobilité des seniors et lutter contre l'isolement, la conduite représente un gage d'autonomie. Malgré le déclin de leurs capacités, et contrairement à une idée reçue, les seniors ne constituent pas un danger accru sur les routes. Selon le bilan annuel de l'Observatoire national interministériel de la sécurité routière, le nombre de morts de 75 ans et plus sur les routes (492) est inférieur à celui de la tranche des 18-24 ans (552), et très légèrement supérieur à celui des 25-34 ans (460) en 2022. Pour la Sécurité routière, si les personnes âgées ne sont pas source d'un risque accru sur les routes, c'est qu'elles savent s'adapter en conduisant moins la nuit, en évitant de circuler par mauvais temps, en période de forte circulation ou sur des distances trop longues. Outre la prudence, ce changement de comportement s'expliquerait par la pression exercée par les familles, qui menaceraient leurs aînés de leur interdire la conduite au moindre accrochage ! Mais restreindre l'accès à la voiture entraîne plusieurs effets pervers : les seniors ne peuvent alors plus effectuer certains déplacements, par exemple pour faire leurs courses au supermarché. Poussés à redevenir piétons, ils sont également plus vulnérables qu'en voiture.

AMÉNAGER SON VÉHICULE

Outre toutes les avancées qui facilitent la conduite (boîte de vitesses automatique, GPS, aide au stationnement, limiteur de vitesse, détecteur de fatigue, etc.), le poste de conduite du véhicule peut être aménagé pour repousser la décision d'arrêter de conduire lorsque certaines fonctions du véhicule deviennent inaccessibles. Pour bénéficier de ces équipements (levier de frein, manette d'accélérateur, boule de volant, etc.), une visite médicale en préfecture ou auprès d'un médecin agréé est obligatoire. L'aménagement du véhicule fait partie des équipements qui peuvent être pris partiellement en charge par l'Apa.

OBTENIR LA CARTE MOBILITÉ INCLUSION

Outre la mobilité permise par la voiture, il faut pouvoir se déplacer facilement une fois sorti du véhicule. Pour faciliter leurs déplacements, les personnes âgées ou handicapées peuvent demander une carte mobilité inclusion (CMI). Trois cartes cohabitent aujourd'hui, accessibles gratuitement et cumulables. La CMI stationnement est attribuée sans conditions d'âge aux personnes qui rencontrent des difficultés importantes à se déplacer ou qui doivent être accompagnées. Les titulaires ou leur passager peuvent alors se garer gratuitement sur toutes les places de parking en accès libre (pas seulement les places réservées aux personnes handicapées). Les titulaires de la CMI stationnement peuvent demander également une CMI priorité ou invalidité. La CMI priorité permet d'accéder aux places assises et de payer moins cher le ticket dans les transports en commun. Elle est attribuée aux personnes ayant du mal à tenir debout ou avec un taux d'incapacité inférieur à 80 %. Inutile de demander la CMI priorité si vous avez déjà la CMI invalidité. Celle-ci cumule en effet les avantages de la priorité et déclenche, en plus, un avantage fiscal (demi-part fiscale supplémentaire pour le calcul de l'impôt sur le revenu). Elle est délivrée aux personnes avec un taux d'incapacité supérieur à 80 %, ou à celles classées par la Sécurité sociale en 3e catégorie d'invalidité. Cette incapacité nécessite une aide permanente.

Pour demander la CMI, il existe trois possibilités : les bénéficiaires de l'Apa doivent faire leur demande au département qui leur verse déjà leur prestation d'aide. Si vous êtes classé en Gir 1 ou 2, la CMI invalidité ou stationnement est attribuée automatiquement sur simple demande. Si vous ne bénéficiez pas de l'Apa, la demande de CMI doit être adressée à la maison départementale pour les personnes handicapées. Enfin, il est possible d'effectuer la demande de CMI en même temps que la demande d'Apa.

« L'âge venant impose simplement de rester à l'écoute de ses capacités, de faire régulièrement le point avec son médecin, d'entretenir sa forme pour une bonne hygiène de vie et de choisir un véhicule adapté. Au prix de cet effort, chacun continuera à conduire longtemps, conservant ainsi autonomie et liberté. »

Audition, vision, médicaments...
Avec le temps, comment adapter sa conduite ?,
association Prévention routière.

62 % **C'est la part des déplacements réalisés en voiture entre 60 et 74 ans, contre 30 % à pied. Cette proportion passe à 51 %, et 40 % après 75 ans (source : rapport Broussy, mai 2021).**

SE REMETTRE À NIVEAU... SANS CRAINDRE LE RETRAIT DE PERMIS

Chez les seniors, le permis de conduire peut dater de plusieurs décennies. Collectivités, associations, mutuelles, assureurs, auto-écoles, mais aussi Sécurité routière : tous proposent des stages ou ateliers de remise à niveau pour les seniors. Outre une réactualisation des connaissances du Code de la route, certains services permettent aux seniors de tester leur conduite et leurs capacités. La remise à niveau peut aussi concerner le vélo : la ville de Royan (17) organise, par exemple, des séances de « remise en selle » pour aider les seniors à se sentir plus à l'aise à vélo, avec des conseils portant notamment sur la découverte des pistes cyclables et sur le partage de l'espace avec les autres usagers de la route.

Mais si ces remises à niveau ont une vocation pédagogique, sans contraindre ni sanctionner, les personnes âgées y renoncent souvent par crainte de se voir retirer leur permis, notamment en cas d'incapacité. Or la France a fait le choix de ne pas imposer de contrôle médical des conducteurs à partir d'un certain âge. C'est donc à chacun de contrôler ses aptitudes à la conduite. L'acuité visuelle pour conduire doit être au moins de 5/10 pour les deux yeux cumulés. Et il n'existe pas de restriction au permis de conduire en matière d'acuité auditive. En revanche, certaines pathologies sont incompatibles avec la conduite. C'est notamment le cas de l'épilepsie, de la maladie d'Alzheimer au stade 3, de la psychose, d'un diabète avec hypoglycémie sévère ou encore de « troubles causés par les addictions à l'alcool ou aux produits stupéfiants » (liste précisée dans l'arrêté du 28 mars 2022). Dans ce cas, la conduite n'est pas interdite, mais il faut passer un examen chez un médecin agréé par le préfet de département, et qui ne peut pas être le médecin traitant. Ce médecin vérifie l'aptitude physique, cognitive (maîtrise des règles de la circulation et réaction aux diverses situations rencontrées) et sensorielle (capacités de perception comme la vue ou l'audition pour gérer différentes situations). À l'issue de ce contrôle, le médecin déclare la personne inapte, apte temporaire avec une autorisation valable de six mois à cinq ans, ou apte avec restrictions (appareillage nécessaire, par exemple). En cas de dégradation des capacités d'une personne, sa famille ou son médecin généraliste peuvent également saisir directement les commissions médicales du permis de conduire pour effectuer un bilan.

À SAVOIR

BRUXELLES RECONNAÎT QUE L'ÂGE N'EST PAS UN BON CRITÈRE POUR ARRÊTER DE CONDUIRE

Dans ses dernières propositions sur les règles en matière de conduite, la Commission européenne a reconnu que le système majoritaire en Europe, à savoir l'aptitude médicale à la conduite évaluée sur la base d'un examen fondé sur l'âge, n'est plus efficace (proposition de directive 2023/0053 du 1er mars 2023). Dans ses conclusions, la Commission note que « d'autres facteurs que l'âge sont plus importants, comme des pathologies spécifiques qui ne sont pas nécessairement liées à l'âge ». Jusque-là, Bruxelles préconisait d'augmenter la fréquence des contrôles médicaux à partir de 50 ans. Mais cet âge pivot devrait passer à 70 ans lorsque la directive sera votée.

OFFRIR DES SOLUTIONS DE MOBILITÉ ALTERNATIVES

Pour faciliter les déplacements des seniors, les initiatives se multiplient. Certains départements et communes (centre communal d'action sociale) proposent des cartes de transport en commun à prix réduit, voire gratuites (sous conditions de revenus), mais aussi des solutions de transport adaptées pour les déplacements de proximité telles que des taxis ou des navettes. Les services à la personne peuvent également proposer un accompagnement de la personne de son domicile jusqu'à sa destination. La Croix-Rouge a développé sa solution, accessible dans plusieurs dizaines de territoires, pour mettre en commun des solutions de mobilité partagée et solidaire (covoiturage, autopartage, etc.) avec des acteurs locaux (particuliers bénévoles, collectivités, associations et entreprises partenaires). Les retraités de plus de 75 ans du régime Agirc-Arrco peuvent également profiter du dispositif Sortir +, à savoir la prise en charge d'une prestation d'accompagnement ou de transport pour un maximum de 450 € par an. Le service est accessible sans conditions de ressources. Parmi les initiatives nationales, citons encore le service Accès Plus de la SNCF, un service gratuit d'accueil en gare et d'accompagnement jusqu'à la place dans le train pour les personnes handicapées ou à mobilité réduite.

À SAVOIR

Depuis la disparition du feu vert clignotant pour les piétons en 1991, il n'existait plus de signal intermédiaire entre le feu vert et le feu rouge. Depuis mai 2023, sept villes expérimentent un feu jaune piéton (fixe ou clignotant) allumé pendant quelques secondes avant de passer au rouge, laissant ainsi le temps aux piétons de traverser en toute sécurité.

57000

C'est le nombre de kilomètres de pistes cyclables sécurisées déployées en France à la fin 2022. Dévoilé en mai 2023, le plan vélo a pour objectif d'atteindre 80000 kilomètres en 2027 et 100000 en 2030.

DEMAIN, DES DÉPLACEMENTS PLUS SOLIDAIRES

Dans le cadre du réseau Villes amies des aînés (lire ci-dessous), les communes innovent pour lancer des services afin de faciliter le transport des seniors. À Segré-en-Anjou Bleu (49), la Ville a mis en place Voitur'âges, un service solidaire sur la base du bénévolat qui convoie les personnes âgées ou en difficulté pour une visite médicale, une démarche administrative, une visite familiale, mais aussi pour leurs loisirs ou leurs courses. Quant à la ville de Valenciennes (59), une initiative du centre communal d'action sociale permet aux personnes âgées de profiter des trajets d'une auto-école pour se déplacer à un prix modique (2 € l'aller-retour). L'auto-école essaie de faire correspondre une heure de cours avec les trajets souhaités, ce qui permet de déposer la personne à des endroits mal desservis par les transports en commun.

Ils répondent

Pierre-Olivier Lefebvre,

délégué général du réseau Villes amies des aînés

« Les territoires sont tournés vers toutes les générations sauf celles des personnes âgées. »

« En France, 500 collectivités ont adhéré à notre label pour la mise en place d'une politique en faveur des personnes âgées, selon une méthodologie élaborée par l'Organisation mondiale de la santé. Trop souvent, les territoires sont tournés vers toutes les générations sauf celles des personnes âgées. Par exemple, les horaires des bus sont limités dans de nombreuses métropoles pendant les vacances scolaires, alors que les personnes âgées prennent en priorité ce moyen de transport. Nous devons nous poser les bonnes questions et avoir des égards envers les personnes âgées, comprendre comment elles fonctionnent et nous adapter à leur rythme. Comment, par exemple, se sentir en sécurité sur un trottoir partagé avec une piste cyclable ? Un territoire bienveillant envers ses aînés n'a pas peur de la démarche participative, de regarder ce qui peut être amélioré. Et il est fier d'avoir des habitants âgés. Nous accompagnons les villes en créant une dynamique sur le territoire avec la participation des habitants. Sachant que les bonnes solutions ne sont pas les mêmes dans tous les territoires. Par exemple, à certains endroits il faut une navette pour les seniors, quand à un autre endroit il vaut mieux mettre en place un service de covoiturage. L'adaptation du mobilier urbain est une des réponses à apporter. C'est, par exemple, un banc public adapté avec des accoudoirs, ou un abribus avec une assise assez haute pour leur permettre de se relever. C'est un feu piéton avec des secondes restantes qui défilent, de préférence au bonhomme vert ou rouge, pour qu'ils puissent mieux évaluer leur capacité à traverser la rue en fonction du temps restant. Mais au-delà des équipements, nous devons raisonner en termes d'usage. Savez-vous pourquoi les personnes âgées apprécient les parkings souterrains payants ? Parce qu'ils sont souvent équipés de toilettes. Ce n'est pas leur vocation initiale, car ils n'ont pas été construits pour cela, mais il s'agit de réfléchir à l'usage des équipements dans la ville. »

Ils répondent **Benjamin Zimmer**, président de la Silver Alliance*

« Nous devons décider de créer une société de la longévité. »

« Nous vivons dans le déni du vieillissement. Ce qui constitue un sacré paradoxe alors que notre société fait tout pour ajouter des années supplémentaires à la vie. Je suis parti étudier la marche en centre de rééducation lors de mes études d'ingénieur en biomécanique. J'ai été choqué d'y découvrir que les personnes âgées n'étaient plus traitées comme des humains. Ces marqueurs négatifs restent ensuite bien ancrés et ces personnes sont ensuite incapables de se projeter dans leur retraite ou leur fin de vie. Soit nous continuons à voir le vieillissement comme une catastrophe naturelle, soit nous décidons de créer une société de la longévité. Actuellement, tout est centré sur l'hôpital, alors qu'il faudrait une approche centrée sur le domicile, avec un habitat le plus accessible possible afin de maintenir ses habitudes de vie pour favoriser l'intégration et le lien social. Avant, ce lien existait notamment grâce aux bistrots de quartier, où l'on prenait des nouvelles des voisins, avant d'aller frapper à la porte d'untel si on ne l'y avait pas vu. Il existait encore 200000 cafés en France en 1960. Il n'en reste plus que 38000. Des initiatives existent pour revitaliser les centres-bourgs, à l'image de la coopérative Bouge ton coq, dont l'objectif est de réinsérer des épiceries dans les villages. Sachant que 62 % des communes françaises n'ont plus un seul commerce, alors que ce chiffre était de seulement 25 % en 1980. En moyenne, les gens parcourent donc 12 kilomètres pour accéder à des biens de première nécessité. Mais vu leurs problèmes de mobilité, les personnes âgées n'en sont pas toujours capables. La ville de Stockholm a supprimé les marches pour traverser une rue ou entrer dans un commerce. Au Japon, la vitesse des escalators est ralentie pour s'adapter aux seniors. En France, il reste beaucoup à faire pour adapter nos villes. »

* Alliance regroupant 33 entreprises dédiées au confort des seniors.

youhou!

PARTIE 5

VIEILLIR À DOMICILE, VIEILLIR ENSEMBLE?

Coûte que coûte, les Français veulent éviter l'isolement associé à la chambre d'Ehpad et se maintenir à domicile. Mais le chez-soi n'est pas toujours adapté au vieillissement, et d'autres solutions émergentes d'habitat peuvent être envisagées.

À la question de savoir où ils souhaitent terminer leur vie, une écrasante majorité de Français régulièrement sondés répondent « à la maison » ou « à domicile ». Pour beaucoup, l'Ehpad est devenu un repoussoir où il est hors de question de finir ses jours. Résidents livrés à eux-mêmes, proches terrifiés, personnel sous pression constante... L'enquête de Victor Castanet parue dans *Les Fossoyeurs* (2022) est passée par là, et chacun assimile désormais le terme « Ehpad » à la maltraitance révélée dans certains établissements du groupe Orpea. Selon une enquête sur les conditions de vie et sur les aspirations des Français, ils sont 68 % à exprimer leur inquiétude face au risque de maltraitance des personnes vulnérables (étude du Centre de recherche pour l'étude et l'observation des conditions de vie [Crédoc], janvier 2023). La défiance envers les Ehpad est également liée au traumatisme de la crise du Covid: pendant de longs mois, le protocole sanitaire imposé par certaines structures avait accru l'isolement, en empêchant parfois tout contact physique entre les seniors et leurs familles. À l'inverse, la perspective du maintien à domicile peut sembler rassurante et sécurisante. Mais le logement n'est pas toujours adapté au vieillissement. Heureusement, de nombreuses solutions dites « alternatives› » d'habitat sont en plein développement. L'objectif de ces logements consiste à retarder, voire à écarter l'entrée en établissement médicalisé. À tout le moins, ils permettent de ne pas avoir à choisir entre un domicile mal adapté au vieillissement, un Ehpad hypermédicalisé ou une résidence services réservée exclusivement au troisième âge. De la location d'une chambre vide à la maison jusqu'aux nouvelles formes d'habitat partagé ou inclusif, la philosophie de ces logements repose sur la pérennisation des liens sociaux, si possible en mélangeant plusieurs générations, afin de participer à la lutte contre l'isolement et de rompre la solitude.

HOME
SWEET

Ils se sont racontés… Françoise, 70 ans

« La solitude en fin de vie, ça vous tue ! »

« En établissement d'accueil, on rencontre tous les cas de figure : parfois le conjoint vient tous les jours, mais dans d'autres cas des résidents restent livrés à eux-mêmes plusieurs heures par jour. Or la solitude en fin de vie, c'est ce qu'il y a de plus terrible. C'est pourquoi, après avoir dû placer ma sœur en Ehpad, nous nous sommes attaché les services d'une auxiliaire de vie qui vient tous les après-midi en semaine passer deux heures avec elle, et pallier les ateliers auxquels elle ne peut plus participer ni même assister. Un jour, une dame centenaire dans un centre de gériatrie m'a dit : "La solitude, ça vous tue !" Elle avait vécu le passage d'une chambre à deux lits à une chambre à un seul lit et racontait la détresse de certains pensionnaires, désespérés d'avoir perdu leur voisin de chambre. On pense souvent être tranquille en restant seul, alors que c'est parfois dramatique. Des gens choisissent d'être placés en établissement simplement pour ne plus rester seuls chez eux. »

Ils se sont racontés... Chantal, 66 ans

« Avant, j'avais peur des bruits. »

« Il ne faut pas se le cacher : accueillir un jeune en colocation permet de se créer une rémunération complémentaire. Une aide bienvenue pour continuer à payer le loyer, quand les revenus chutent à la retraite. Mais si j'ai choisi d'accueillir une étudiante en histoire de l'art, c'est avant tout pour créer du lien et développer une nouvelle relation. Malgré nos habitudes et nos rythmes très différents, nous avons beaucoup à apprendre des jeunes. Nous nous retrouvons toujours autour de la cuisine, l'espace parfait pour partager. Je suis très heureuse de vivre de beaux moments avec elle ou ses amis qui viennent régulièrement. Avant, j'avais peur des bruits venus de l'immeuble. Désormais, j'éprouve même du plaisir à l'entendre rentrer. Grâce à cette chambre libre dans mon appartement, j'ai recréé un lieu de partage, alors que la vie semblait l'avoir quitté depuis le départ de mes enfants. »

CHEZ SOI OU EN ÉTABLISSEMENT?

Le chez-soi: une définition plurielle...

Chez soi, c'est la maison, le domicile où l'on conserve à la fois le matériel, comme ses meubles ou bibelots, mais aussi l'immatériel, avec sa boîte à souvenirs. Des souvenirs qui peuvent être liés aux événements familiaux, aux fêtes... C'est le lieu de la vie, du plaisir, des émotions partagées et de la convivialité rassurante. Même si les seniors y vivent seuls, la maison peut rester perçue comme un lieu ouvert et accueillant, à condition qu'elle se prête à recevoir des proches. Car ce que les seniors craignent avant tout, c'est la solitude et le silence. Ainsi, l'idée de rejoindre un autre lieu peut émerger si le domicile n'offre plus de garanties en matière de sociabilité. À condition que ce « nouveau chez-soi » soit propice aux contacts, aux échanges, aux rencontres et aux visites, ou qu'il permette de maintenir les habitudes sociales acquises (jeux de société, activités de groupe, etc.).

LA VOLONTÉ DE CONTINUER À RECEVOIR

Dans une étude OpinionWay réalisée pour Les Maisons de Marianne en novembre 2022 auprès des Français de plus de 50 ans, le maintien d'une vie sociale apparaît comme le premier critère de bien-être. Parmi les interrogés, 55 % indiquent comme critère la possibilité de continuer à recevoir leurs proches quand ils le souhaitent, loin devant la proximité de leur entourage familial pour faciliter les visites (39 %). Toujours concernant la socialisation, 22 % des plus de 50 ans sondés citent parmi les critères décisifs la possibilité de pouvoir continuer à vivre avec leur animal de compagnie, considérant ce facteur comme permettant de conserver leur autonomie physique et psychologique en vieillissant.

… mais des critères souvent très concrets

Au-delà des considérations personnelles, le choix du maintien à domicile répond souvent à des problématiques très concrètes. Outre le manque d'adaptation du logement (présence d'escalier, isolement géographique, etc.), le critère de la proximité d'un proche aidant et de sa capacité à répondre aux sollicitations est souvent prépondérant pour les personnes vulnérables. Mais ce critère est à double tranchant. Face à la charge mentale et physique dépensée pour accompagner un proche, l'aidant peut vite s'épuiser. Et la proximité géographique ne fait pas tout. À l'image de ce témoignage recueilli où une femme doit parcourir 20 kilomètres pour aider son père à domicile. Si une telle distance peut sembler négligeable, elle se rend pourtant à son chevet deux fois par jour pour être présente au lever comme au coucher, soit 80 kilomètres par jour, synonymes de deux heures de trajets en zone urbaine, selon ses calculs. Sans compter le temps passé sur place. Une situation qui n'est pas toujours tenable dans la durée.

Dans ces conditions, envisager un transfert en établissement peut permettre à son aidant de ne plus se retrouver « en première ligne ». Un critère qui peut compter, à l'heure du choix. C'est la décision qu'a prise Jean-Pierre, dont nous avons recueilli le témoignage. Atteint de la maladie de Charcot (lire ci-dessous) et voyant sa femme s'épuiser, il a lui-même demandé son transfert en Ehpad pour la libérer de certaines de ses tâches quotidiennes.

226 kilomètres

C'est la distance moyenne qui sépare le proche aidant de la personne qu'il aide en France (baromètre Ocirp, 2016).

Andrée, 74 ans

« Le maintien à domicile repose sur un équilibre fragile. »

« Nous avons réussi à maintenir mon beau-père à domicile grâce à une organisation autour de trois personnes qui se relayaient nuit et jour auprès de lui. Il déambulait chez lui la nuit et il fallait le rassurer puis le recoucher, ce qui nécessitait une surveillance permanente. Mais après une nouvelle chute, la situation est devenue trop compliquée et il a dû partir en établissement. Ensuite, ce fut le tour de ma mère, atteinte de démence sénile. Là encore, nous l'avons maintenue à domicile jusqu'à ce que mon père craque. Il a fallu qu'il développe lui-même un œdème pulmonaire pour que son médecin généraliste ne lui laisse plus le choix. Sinon, il y aurait laissé sa propre vie. Le maintien à domicile repose sur un équilibre fragile. »

Ils répondent

Valérie Goutines-Caramel,
présidente de l'Association pour la recherche sur la sclérose latérale amyotrophique (ARSLA)

« Ce sont en général des carences d'aide à domicile qui font envisager le placement en établissement dans le cadre de la maladie de Charcot. »

« Le déclenchement moyen de la sclérose latérale amyotrophique (SLA ou maladie de Charcot) intervient entre 65 et 70 ans. À cet âge, la problématique des aidants est très importante, car la perte des fonctions motrices entraîne rapidement des conséquences sur l'autonomie, et bien souvent les personnes touchées ne peuvent plus rien faire par elles-mêmes. Peu de structures sont adaptées à la perte totale d'autonomie, et une grande majorité de patients atteints de la maladie de Charcot vivent à domicile. Seules des carences en matière d'aide à domicile font envisager le placement en établissement. Chez soi, le principal problème est l'adaptabilité du logement. Avec la SLA, les étapes peuvent vite s'enchaîner : les patients en viennent rapidement au fauteuil roulant, puis au fauteuil roulant électrique, car le temps d'évolution critique de la maladie est en général de trois à cinq ans, ce qui laisse peu de temps aux familles pour s'organiser. La priorité de l'association passe par le maintien de la qualité de vie à domicile et des aides techniques, avec du prêt de matériel, comme des planches de transfert, des chaises de douche et des fauteuils adaptés, ou des aides à la communication. Et nous portons un regard très positif sur les nouvelles formes d'habitat inclusif, encore largement à l'état de projet, mais qui apporteront aux malades plus de confort et une meilleure qualité de vie. »

Peser le pour et le contre

En Ehpad, la maîtrise de son temps n'est plus garantie. Or, la perte de liberté est la première crainte des seniors. Repas ou extinction des lumières à heures fixes... difficile de conserver ses petites habitudes. Nous avons ainsi reçu le témoignage d'une personne en grande détresse dans un Ehpad du nord de la France. Il a fallu qu'une psychologue interroge sa famille pour comprendre l'origine du problème: ayant travaillé de nuit pendant toute sa vie professionnelle, elle était incapable de dormir la nuit. Heureusement, certains établissements sont capables de s'adapter au rythme adopté à la maison (lire le témoignage de Cédric Potereau, en fin d'ouvrage). Autre problème rencontré: se retrouver en établissement peut être vécu comme une forme de déshumanisation, en passant du stade de propriétaire chez soi à celui d'occupant ou de visiteur. À l'Ehpad, tout est fait pour rappeler aux résidents qu'ils ne sont que de passage, jusque dans la personnalisation de la chambre, souvent réduite à la portion congrue. Parfois, un seul meuble personnel est toléré dans la chambre, le reste étant occupé par le mobilier médical. Autre élément de déshumanisation souvent cité: la perte de l'intimité en établissement. Mais, dans le cas de pathologies déjà avancées, cette notion peut aussi survenir à domicile. C'est le cas, par exemple, si les auxiliaires de vie qui viennent s'occuper de la personne vulnérable ne lui sont pas assignés et changent régulièrement. Dans ce cas, il faut prendre le temps de tout réexpliquer. Sans compter la confiance accordée, puisque les familles confient toute la maison aux intervenants à domicile, souvent jusqu'aux moyens de paiement de leur aîné. À domicile, la perte d'intimité peut être accentuée par l'installation courante d'une boîte à clés. Très pratique pour l'entourage, surtout face à des pathologies qui nécessitent la venue de plusieurs corps de soignants (infirmières, kinés, médecins, etc.), elle permet à tout praticien, mais aussi à tout proche ou aidant, de rendre des visites régulières.

Mais ces visites peuvent devenir intrusives si l'entourage ne s'assure pas au préalable du consentement de la personne en état de vulnérabilité.
Pour effectuer un choix éclairé entre domicile ou établissement, il faut donc passer en revue les critères essentiels à chacun. Il est toujours possible de se renseigner sur le type d'établissement envisagé et d'y effectuer une visite. Tous les établissements ne se ressemblent pas, à commencer par les Ehpad. Dans certains cas, ces résidences médicalisées ne peuvent offrir les mêmes libertés qu'à la maison. D'autres, au contraire, permettent de circuler quasiment librement (lire le témoignage ci-dessous) ou respectent les cycles de chacun. Enfin, le critère du prix est souvent essentiel. Là encore, il est aujourd'hui possible de connaître les tarifs de chaque Ehpad sur le site administratif dédié aux seniors (pour-les-personnes-agees.gouv.fr).

« L'Ehpad a raté le coche en tant qu'habitat. Il est impossible d'assimiler à son domicile ces chambres médicalisées où le défilé permanent de personnel est ressenti comme une violation de l'intimité. »

Jérôme Perrin,
directeur du développement et de la qualité du réseau ADMR

Hélène, 76 ans

« Mon mari est en Ehpad un peu comme à la maison. »

« Récemment, nous avons dû revoir notre organisation avec mon mari, atteint d'une sclérose latérale amyotrophique. À la suite d'une chute, il devenait impossible pour moi de le garder jour et nuit. Alors nous avons pris la décision de le placer dans un Ehpad que nous avions visité ensemble au préalable et situé à deux pas de notre appartement. Cet établissement n'a rien à voir avec ce qu'on a pu lire ailleurs. Ici, les salariés s'occupent très bien des résidents, avec des activités quotidiennes : jeux, lectures, sorties au musée ou au restaurant, et animations, comme des danseuses venues lors du carnaval ou encore la soirée beaujolais nouveau. Nous sommes même impliqués dans la vie de l'établissement au travers de commissions, par exemple sur la qualité de la cuisine, auxquelles participent des résidents et leurs familles. Et, surtout, nous bénéficions d'une liberté quasi totale de visites. Même en fauteuil, mon mari peut sortir dès qu'il le souhaite, à condition de prévenir la veille de son absence. Il revient à la maison quand il veut, par exemple lorsque nous recevons nos petits-enfants. Nous déjeunons tous les dimanches à domicile. Bien sûr, il n'est pas chez lui à 100 %, mais cette liberté de mouvement permet de se sentir un peu comme à la maison. »

Domicile ou Ehpad pour la fin de vie?

Tout le monde semble d'accord pour dire que terminer ses jours à la maison reste la meilleure solution quand elle est envisageable. D'autant qu'aujourd'hui des solutions existent pour accompagner la fin de vie à domicile. Les Ssiad ou des infirmiers libéraux peuvent intervenir pour réaliser les soins et la toilette jusqu'au décès, à condition d'obtenir une prescription médicale. Le proche peut aussi recevoir des soins palliatifs à son domicile pour soulager la douleur, dispensés par des infirmiers libéraux, des services d'hospitalisation à domicile, des réseaux de soins palliatifs, des équipes mobiles de soins palliatifs, etc. Ils sont accessibles sur prescription médicale et intégralement remboursés par l'Assurance maladie. Il est possible d'identifier ces structures de soins et d'accompagnement spécialisés grâce à un annuaire disponible en ligne (parlons-fin-de-vie.fr). Dans le cadre de soins palliatifs, les intervenants professionnels sont également à la disposition des proches, qui peuvent bénéficier de congés et d'une allocation s'ils travaillent.

Mais tout le monde n'a pas le choix du domicile. Avec l'apparition parfois soudaine de la vulnérabilité, le chez-soi ne répond pas toujours aux besoins à venir en matière d'accès aux soins ou de pathologie.

Impossible, bien souvent, de transformer son habitation en véritable clinique. Dans ce cas, les Ehpad restent la solution la plus adaptée. Ils apportent ainsi une réponse médicalisée à la grande dépendance (lire l'entretien ci-dessous). Et les Ehpad privés, aujourd'hui montrés du doigt, ne représentent que 25 % du marché. Les autres sont des établissements publics, souvent gérés directement par le centre communal d'action sociale, sur le modèle des anciens foyers-logements. Malgré la défiance actuelle, ces établissements comblent aujourd'hui le vide laissé par la disparition des services de gériatrie dans les hôpitaux.

Ils répondent

Jérôme Perrin,
directeur du développement et de la qualité à l'Union nationale de l'aide à domicile en milieu rural ou périurbain (UNADMR*)

« Sortir d'une vision qui tétanise »

« La situation optimale, c'est le maintien du lien familial ou amical. Mais c'est une vue de l'esprit d'imaginer que tout peut se faire à domicile, notamment en cas d'isolement géographique dans les zones rurales, mais aussi lorsque la personne vit seule sans aidant autour d'elle. Il faut sortir d'une vision qui tétanise, car les établissements ne correspondent pas à leur image d'univers carcéral. Il n'existe pas une politique qui consiste à dire qu'il faut finir en Ehpad, et l'immense majorité des personnes vieillissent chez elles. Mais à 85 ans, une personne sur cinq est en Ehpad, et ce taux grimpe à une personne sur deux à 95 ans. Les établissements médicalisés offrent une réponse à des situations avec des pathologies très spécifiques. Ainsi, 30 % des résidents actuels dans nos établissements disposent d'un degré de perte d'autonomie Gir 1 ou 2, soit le degré maximal sur la grille Aggir, et une entrée sur deux se fait aujourd'hui au moins en Gir 2. Et, alors que 1 million de personnes en France sont atteintes de la maladie d'Alzheimer ou apparentée, selon l'Organisation mondiale de la santé, l'hôpital ne prend plus en charge les situations de grande dépendance cognitive. Les Ehpad ont pris le relais. »

* Le groupe Korian gère des Ehpad, des cliniques et des maisons partagées en colocation.

80 % **Soit la part des logements français qui ne sont pas adaptés au vieillissement, selon le rapport interministériel Nous vieillirons ensemble... de Luc Broussy et une enquête d'avril 2022 de l'Observatoire du logement seniors Xerfi.**

Demain, l'Ehpad « à domicile »

Depuis 2020, quelques centaines de seniors bénéficient d'une expérimentation accessible sur une dizaine de territoires dans le cadre des Drad. Accessible aux personnes dépendantes et financée par la Sécurité sociale, cette solution alternative souvent qualifiée d'« Ehpad hors les murs » permet de rester chez soi en évitant l'hébergement en institution. Une équipe mobile de l'Ehpad local, parfois soutenue par des prestataires d'aide à domicile, se déplace pour mettre à disposition certains services déjà offerts à ses résidents, depuis le portage de repas confectionnés par l'équipe de cuisine jusqu'aux soins assurés par des aides-soignants, en passant par la visite d'une psychomotricienne pour profiter de séances de gym douce ou d'un agent technique de l'Ehpad pour installer un équipement, telle une barre d'appui dans la douche. À l'inverse, les seniors concernés peuvent se rendre à l'Ehpad pour profiter d'activités collectives. Ces services proposés « à la carte » peuvent varier en fonction des établissements et complètent les activités des personnes dépendantes déjà réalisées avec leurs intervenants à domicile habituels. L'Ehpad peut aussi prendre en charge la coordination de l'ensemble des intervenants habituels, permettant ainsi de soulager les aidants. Ce dispositif se termine fin 2023. Mais l'État a déjà trouvé son remplaçant avec la mise en place des centres de ressources territoriaux (arrêté du 27 avril 2022). La mission de ces centres sera identique au dispositif des Drad, mais ils pourront être opérés soit par un Ehpad, soit par un service à domicile (service d'aide et d'accompagnement à domicile, service de soins infirmiers à domicile ou services polyvalents d'aide et de soins à domicile). Cette solution vient ainsi renforcer la diversification des modes de prise en charge et permet le maintien à domicile en cas de dépendance.

LE CHOIX DU VIVRE-ENSEMBLE

La formule revient toujours dans la bouche des professionnels : il faut laisser le choix de l'habitat aux seniors comme aux personnes vulnérables. Une question qui ne se posait même pas chez les générations précédentes, mais qui prend aujourd'hui tout son sens avec le développement de nouvelles formes d'habitat collectif adaptées au vieillissement. Toujours présentées comme des alternatives au domicile, mais surtout à l'Ehpad, elles essaiment aujourd'hui sur tout le territoire. L'occasion de choisir l'habitat le plus adapté non plus seulement en fonction de ses ressources ou de sa pathologie, mais selon ses envies et sa volonté de socialisation ou non.

Envisager la colocation avec un étudiant

Alors que de nombreux étudiants cherchent à se loger avec un budget réduit, tout bailleur disposant d'une chambre libre chez lui peut la louer pour se procurer un complément de revenus et éviter l'isolement grâce à la colocation. Charge au propriétaire de trouver ensuite la bonne formule, à choisir parmi quatre types de baux de location possibles. Le plus classique est le bail pour location meublée (si la chambre est la résidence principale de l'étudiant), signé pour un an et renouvelable une fois. L'hébergeur peut aussi opter pour un bail étudiant, d'une durée de neuf mois et non renouvelable. Depuis 2018, il est également possible de signer un bail mobilité pour une durée maximale de dix mois. Ce type de location est réservé à certaines catégories de locataires, et les étudiants ou stagiaires y sont éligibles. Enfin, la dernière possibilité est le bail intergénérationnel, pour lequel le propriétaire doit être âgé de plus de 60 ans, et le locataire de moins de 30 ans. Dans ce cadre, la durée du bail est libre, tout comme le montant du loyer. Le propriétaire peut inscrire dans le contrat la réalisation de petits services par le locataire (ménage, courses, cuisine, etc.).

Des services spécialisés dans la cohabitation intergénérationnelle (lire ci-dessous) permettent la mise en relation entre logeurs et étudiants. Quelle que soit la formule choisie par le bailleur, la cohabitation doit être définie par un cadre (règlement intérieur, voire charte de conduite) dès le départ.

Ils répondent

Justine Renaudet,
cofondatrice de Colette*

« À 80 ans, une personne passe en moyenne huit heures par jour toute seule. »

« Selon une enquête réalisée en 2021 par les Petits Frères des Pauvres, 27 % des 60 ans et plus souffrent de solitude, et un senior sur cinq déclare ne plus avoir d'amis. À mesure que l'on vieillit, on passe de plus en plus de temps seul. Soit en moyenne moins de 5 heures passées seul dans la journée entre 20 et 40 ans, mais 6 heures et 30 minutes à 60 ans, 7 heures à 70 ans et jusqu'à 8 heures à 80 ans. Briser la solitude en louant une chambre libre à la maison à des jeunes permet de favoriser le partage, la solidarité et le lien entre générations. Habiter avec un jeune permet aussi d'offrir aux seniors une nouvelle utilité sociale, en logeant un étudiant à un tarif inférieur aux prix pratiqués sur le marché. Il existe bel et bien des points de friction liés au décalage du mode de vie entre générations. Mais ces petits conflits se règlent et nous pouvons servir de médiation. Notre objectif est de participer à la création d'une communauté de confiance autour des seniors, afin d'améliorer leur quotidien et de les aider à bien vieillir. »

* Entreprise spécialisée dans la colocation intergénérationnelle.

Mélanger les générations avec l'habitat intergénérationnel

L'habitat intergénérationnel, c'est un ensemble de logements conçus pour accueillir des personnes d'âges et de situations différentes : des étudiants, des familles ou des personnes âgées qui bénéficient de pièces pensées pour sécuriser leurs déplacements et d'un appartement équipé pour faciliter les gestes de la vie quotidienne. Contrairement à la colocation, ces personnes ne vivent pas sous le même toit, mais elles partagent le même ensemble résidentiel et des espaces communs où se développent toute sorte d'activités. Il s'agit en général d'un habitat neuf, construit à l'initiative de mairies ou de bailleurs sociaux, et proposant des loyers modérés. La résidence peut même être consacrée à une seule thématique, à l'image de la résidence Concert'ô à Bordeaux, dédiée à la musique, avec des salles de répétition, d'écoute et de concerts. L'habitat intergénérationnel se décline parfois en quartiers, voire en villages. Dans ce cas, les équipements collectifs essaiment à l'extérieur de l'habitation autour de crèches, de restaurants associatifs, d'établissements médico-sociaux… et parfois jusqu'au musée ! L'objectif de ce type de logement est d'éviter le risque de « réclusion » dans un habitat spécifique aux seniors.

DES MOYENS POUR L'HABITAT INTERGÉNÉRATIONNEL DANS LES PETITES VILLES

Les petites communes de moins de 20000 habitants et leur territoire alentour peuvent profiter du programme Petites villes de demain. Ce dispositif vise à améliorer la qualité de vie de ces communes en leur donnant les moyens de concrétiser leurs projets. Sur le bien vieillir, il peut servir à financer des projets de colocation intergénérationnelle, comme à Créon (Gironde), où un projet actuel doit permettre aux futurs locataires de vivre aux côtés de personnes originaires d'horizons différents en mixant jeunes professionnels, seniors et mères célibataires.

Ils répondent

Éric Vialatel,
président des Maisons de Marianne*

« Nous voulons des logements seniors ni contraignants ni coercitifs. »

« Il existe deux freins principaux au maintien à domicile : soit la maison n'est pas adaptée à cause des escaliers, par exemple, soit le problème est humain avec un manque de suivi et des aidants éloignés. Ce sont les deux raisons principales qui conduisent à l'Ehpad. Notre volonté est justement de laisser le choix au senior. L'idée de départ est de faire baisser leur budget logement : nos résidences s'inscrivent dans le cadre réglementaire du logement social avec des niveaux de loyer adaptés aux revenus de chacun. Cet effort permet d'accroître le reste à vivre et ainsi de changer la vie de nos résidents. Le second axe, c'est la lutte contre les résidences de type ghetto, réservées aux seniors et qui font souvent "dernière ligne droite", même si elles sont équipées d'une piscine. Au contraire, nos résidences d'habitat solidaire créent du lien entre seniors et jeunes, pour inculquer le plaisir d'échanger entre générations. Les salles de convivialité peuvent intéresser tous les résidents, quel que soit leur âge. Outre un espace très confortable, avec un grand écran pour suivre les événements sportifs, par exemple, nos dernières constructions intègrent un véritable bar qui ressemble à un troquet avec ses petites tables où les jeunes peuvent prendre leur café avant de partir travailler. Créer du lien social est vital pour rester en bonne santé. Créer plus d'Ehpad serait une erreur. La vraie solution, c'est de faire évoluer le logement pour que la socialisation soit améliorée. Je crois beaucoup plus dans des immeubles d'apparence classique avec des salles supplémentaires aménagées. Nous voulons des logements qui ne sont ni contraignants ni coercitifs. Nous sommes même capables d'accueillir des personnes atteintes de pathologies à un stade avancé. »

* Constructeur de logements intergénérationnels solidaires depuis 2008.

De l'utopie à la réalité: l'exemple de l'habitat participatif

Passer sa retraite avec sa bande de copains? C'est le principe de l'habitat participatif, où un collectif d'habitants se regroupe pour concevoir un projet architectural et créer sa propre résidence avec des espaces partagés (cuisine, buanderie, chambres d'amis pour recevoir les proches, etc.), afin de mieux vieillir en rompant l'isolement. Une fois l'habitat réalisé, les résidents sont impliqués dans la gestion de l'immeuble, comme dans une copropriété traditionnelle, mais ils peuvent aussi avoir leur mot à dire sur la sélection de leurs nouveaux voisins. Cette option alternative, encadrée par la loi Alur de 2014, s'appuie sur le modèle de la fameuse maison des Babayagas, ouverte à Montreuil en 2013. Dans ce bâtiment, les logements sont partagés entre femmes de plus de 60 ans aux revenus modestes et jeunes de moins de 30 ans.

95 %

Soit la part des Français de plus de 50 ans souhaitant vieillir dans un environnement favorisant la mixité entre les générations (étude OpinionWay pour Les Maisons de Marianne, novembre 2022). Même dépendants, les seniors souhaitent garder leur capacité à vivre en société: ils sont ainsi 85 % à se positionner contre l'idée de vivre exclusivement entre personnes dépendantes.

Un projet de vie sociale et partagée avec l'habitat inclusif

Dernier apparu dans les gammes des habitats partagés, l'habitat inclusif est destiné aux personnes âgées ou handicapées. Il ressemble à l'habitat participatif (espaces de vie privatifs, locaux communs), mais il ajoute une nouvelle obligation: pour réduire encore le risque d'isolement, le porteur du projet (bailleur, mutuelle, association, etc.) doit élaborer un projet de vie sociale et partagée qui permettra aux habitants de s'insérer dans la vie du quartier et de la commune. Ce lieu de vie privé ou social peut être indépendant ou intégré à un autre ensemble architectural, toujours pour favoriser la mixité. Enfin, le logement doit être situé près des transports, des commerces et des services. Ce dispositif au cahier des charges très encadré (arrêté du 24 juin 2019) est encore peu développé. Remis au gouvernement en 2020, le rapport de Denis Piveteau et Jacques Wolfrom prônait la création de 140000 logements inclusifs à l'horizon 2030 (environ 4000 existants en 2020).

Le renouveau des béguinages à vocation sociale

Un peu d'histoire : la naissance des béguinages remonte au xiie siècle et permettait aux femmes, notamment veuves, de s'affranchir de la domination masculine en rejoignant une structure communautaire où elles conservaient leur autonomie. Aujourd'hui, le concept renaît, cette fois destiné aux seniors aux revenus limités (bailleur social), avec des projets répartis partout en France, portés par de nombreuses structures (résidences Floralys dans les départements du Nord et du Pas-de-Calais, association Vivre en béguinage sur tout le territoire, etc.). Il s'agit de résidences de tailles limitées à quelques dizaines d'appartements, avec des logements de plain-pied adaptés aux personnes à mobilité réduite et organisés autour d'un jardin et d'espaces de vie partagés, permettant ainsi de réduire les charges en mutualisant plusieurs espaces. Le locataire conserve toute liberté de recevoir chez lui ou dans la salle de convivialité en cas d'événement familial, mais aussi de profiter du passage régulier de commerces ambulants (boulanger, épicier, etc.). Les locataires (appelés « béguins ») peuvent profiter de moments de solidarité partagés avec leurs voisins, leurs proches, des associations locales, écoles ou clubs des aînés, grâce aux synergies mises en place avec les municipalités. En semaine, une hôtesse ou une coordinatrice assure une présence. Elle rend visite aux locataires, propose des activités collectives et peut rendre des services (courses de « dépannage », médicaments urgents, démarches administratives, etc.) ou encore faciliter la prise de rendez-vous médicaux ou paramédicaux. Elle permet enfin de repérer les éventuelles difficultés des résidents et de solliciter des partenaires locaux (CCAS, Clic, etc.) pour les aider à résoudre leurs problèmes.

L'objectif est de permettre le maintien à domicile de personnes âgées autonomes à revenus modestes et de retarder le recours aux établissements médicalisés. Mais, par rapport à la résidence autonomie ou à la résidence services seniors, les béguinages ne sont pas médicalisés, et les locataires continuent à faire appel à leur médecin traitant et aux professionnels de santé de leur choix. En revanche, ils peuvent recourir à l'hospitalisation à domicile en cas de pathologie.

Ils répondent

Cédric Potereau,
Directeur de l'Ehpad des Ardilliers (Vendée)

« Respecter le projet de vie et les habitudes de chacun »

« Notre établissement public est bien éloigné de ce qu'on a pu entendre des Ehpad Orpea. Nous travaillons très différemment du privé et ne recherchons pas le profit. Ma richesse à moi, c'est le sourire des résidents. Nous ne nous reconnaissons pas non plus dans certains Ehpad rattachés à un hôpital, où le taux d'encadrement des résidents est faible. Auparavant, notre établissement était un foyer-logement où les gens venaient prendre leur retraite. Des infirmières libérales externes y prodiguaient les soins. Aujourd'hui, tout a changé : nous sommes capables d'accueillir la grande dépendance, et notamment des personnes qui courraient un danger à rester chez elles, surtout à cause de l'isolement et de la solitude. Sachant que chez nous le résident moyen entre à l'âge de 88 ans. Notre établissement ne fonctionne pas en vase clos : tout le monde vit ensemble, quelle que soit la pathologie, ce qui génère des difficultés, mais surtout une réelle entraide de nos résidents. Tous sont capables de prendre du plaisir et de l'exprimer. Les familles sont parfois très surprises de ce dont leurs aînés sont capables, par exemple faire du petit bricolage ou des semis de fleurs : il faut voir comment des personnes souffrant de troubles du comportement repartent, simplement en remettant les mains dans la terre, un geste qui leur est familier ! Pour les résidents les moins mobiles, nous misons beaucoup sur le thème du voyage. Avec un casque de réalité virtuelle, ils peuvent s'évader en visitant la cathédrale de Chartres ou en partant sur la côte en voiture. Ainsi, même ceux qui ne peuvent pas sortir disposent toujours d'activités à leur portée. Nous nous adaptons aussi au rythme de chacun, notamment sur les horaires de repas ou de coucher. Et nous permettons aux résidents de conserver leurs habitudes acquises. Exemple : une femme continue comme avant à se faire coiffer deux fois par semaine. L'objectif consiste à respecter le projet de vie de chacun, même si nous savons qu'ils ne sont pas là pour l'éternité. »

CONCLUSION

Avec ce livre, nous avons tenté de balayer un certain nombre de préjugés sur le vieillissement.

Nous espérons surtout avoir mis en évidence un fléau, le déni du vieillissement qui prévaut dans notre société, et ce à tous les niveaux. Un désaveu qui nous empêche de trouver des solutions plus justes, plus épanouissantes, plus durables.

Tant que nous ne serons pas capables de regarder en face les conditions de vie réelles de nos aînés, matérielles, financières, psychologiques, nous ne pourrons pas changer les mentalités. En ce sens, les témoignages de cet ouvrage ne sont que quelques exemples des réalités souvent dramatiques qui touchent les familles. L'indignation causée par les récents scandales dans certains Ehpad ne doit pas rester sans effet : elle doit nous inciter à imaginer et à mettre en place des structures alternatives, elle doit convaincre familles, acteurs sociaux, entreprises… que d'autres solutions sont possibles, et qu'on peut anticiper et non subir le vieillissement.

Car il ne s'agit pas d'additionner des aides ou des mesures ponctuelles, mais bien de changer de paradigme. Il ne s'agit pas « d'aider » les personnes âgées, mais de leur donner la place qui est la leur, qui sera la nôtre dans quelques années

Il faut bien sûr poursuivre les aides à domicile et mieux équiper les lieux de résidence, mais c'est plus largement toute la ville qui doit s'adapter aux personnes âgées, comme elle doit s'adapter aux nouvelles mobilités. Il faut poursuivre les aides sociales et financières, mais aussi réfléchir à un guichet unique, simplifier les portes d'entrée.

Enfin, qu'il s'agisse de nos aînés, des familles, des aidants, notre message est aussi de ne pas renoncer. Ne pas renoncer à des projets de vie, quel que soit l'âge, ne pas renoncer à chercher des solutions plus épanouissantes. Ce qui implique de libérer la parole sur ce sujet, d'oser parler de tous les aspects du problème, y compris financiers.

Ce manifeste est aussi un appel à destination des entreprises et leurs dirigeants. De plus en plus de salariés sont des aidants à temps partiel ou à temps plein, et cela a un impact important sur leur santé, leur bien-être et leur performance professionnelle, en mettant leur carrière entre parenthèses. Or, seulement 2 % d'entre eux affirment être accompagnés par leur entreprise. L'engagement auprès des salariés aidants est un enjeu crucial de responsabilité sociétale des entreprises (RSE).

Changer les mentalités pour vivre autrement le grand âge, tel est l'objectif majeur de cet ouvrage. Et c'est aujourd'hui possible !

Laurent Permasse

REMERCIEMENTS

Ce manifeste est le résultat d'un formidable collectif engagé avec enthousiasme avec Hugues Riant et Xavier Lépine, deux brillants économistes spécialistes du financement du logement, ainsi que Mariella Berthéas, source d'inspiration, qui a permis de rendre possible ce projet grâce notamment à la rencontre d'un éditeur qui nous a accompagnés tout au long de cette réalisation, Philippe Héraclès et le cherche midi éditeur. Merci pour leur travail, leur énergie et leur grand dévouement pour ce texte.

Merci à Mickaël Le Nézet, directeur général de Sofiap, qui a cœur de proposer des solutions innovantes de financement de l'habitat pour les entreprises et leurs collaborateurs.

Mes remerciements également à Pascal Frasnetti, journaliste, pour son souci du détail et une écoute qui l'honorent.

Merci à Xavier Gorce, dessinateur, qui a mis ses fameux *Indégivrables* à contribution de notre ouvrage pour illustrer nos questionnements et les solutions avec beaucoup de talent et de tendresse pour ce sujet souvent tabou.

Merci à toutes les personnes qui ont bien voulu témoigner pour ce livre, dans une très grande sincérité, et qui se sont mobilisées pour nous aider à mieux comprendre les problématiques liées au vieillissement : Marguerite, Astrid Panosyan-Bouvet, Marc Dupont, Jean-Pierre Gallaire, Claire, Emmanuelle Blanc, Laurent Vachey, Frédérique, Henri, Jérôme Perrin, Pierre, Dominique Charrier, Hervé, Jacqueline, Louise Faure, Pierre-Olivier Lefebvre, Benjamin Zimmer, Chantal, Françoise, Andrée, Valérie Goutines-Caramel, Hélène, Justine Renaudet, Éric Vialatel, Cédric Potereau. Leurs histoires nous honorent.

Merci également aux membres du conseil de surveillance de Sofiap, Franck Oniga son président, Romain Dubois son vice-président, et ses administrateurs de La Banque Postale, de La Poste et de SNCF pour leur soutien enthousiaste à la réalisation de ce projet.

Achevé d'imprimer en septembre 2023
Par Normandie Roto Impression s.a.s. en France
Z.I. de Montperthuis - 61250 Lonrai
Dépôt légal: septembre 2023.
N° d'impression: 2303425

#lisez! engagé
www.lisez.com
Pour plus d'information :
Imprimé sur du papier issu de forêts gérées durablement.